■ "厦门口述历史"丛书编辑委员会

学术顾问：李启宇　何丙仲　彭一万　龚　洁　洪卜仁

主　　任：蒋先立　唐　宁

副 主 任：吴松青　陈旭辉

委　　员：林朝朋　刘　冲　戴力芳　张　晖　章长城
　　　　　李　珊　林晓玲　潘　峰　肖来付　林　璐
　　　　　林　彦　杨　艳　郝鹏飞　邱仕华　白　桦
　　　　　陈亚元　龚书鑫　孙　庆　郑轰轰　叶亚莹
　　　　　戴美玲

主　　编：陈仲义

副 主 编：王　琰

厦门口述历史丛书 2

陈仲义 主编

李启宇 编著

民国厦门老票据解读

厦门大学出版社
国家一级出版社
全国百佳图书出版单位

图书在版编目(CIP)数据

民国厦门老票据解读/李启宇编著.—厦门:厦门大学出版社,2019.11

(厦门口述历史丛书;2)
ISBN 978-7-5615-7417-1

Ⅰ.①民… Ⅱ.①李… Ⅲ.①票据—研究—厦门—民国 Ⅳ.①F822.9

中国版本图书馆CIP数据核字(2019)第105103号

出 版 人	郑文礼
责任编辑	章木良
封面设计	张雨秋
技术编辑	朱 楷

出版发行	厦门大学出版社
社 址	厦门市软件园二期望海路39号
邮政编码	361008
总 机	0592-2181111 0592-2181406(传真)
营销中心	0592-2184458 0592-2181365
网 址	http://www.xmupress.com
邮 箱	xmup@xmupress.com
印 刷	厦门兴立通印刷设计有限公司

开本 889 mm×1 194 mm 1/32
印张 10.5
插页 2
字数 236千字
版次 2019年11月第1版
印次 2019年11月第1次印刷
定价 52.00元

本书如有印装质量问题请直接寄承印厂调换

厦门大学出版社
微信二维码

厦门大学出版社
微博二维码

因城而生　跨界融合

唐　宁

历史如浩瀚烟海,古今兴替,尽把其间。鹭岛厦门在千年史籍里沧桑起伏,远古时为白鹭栖所,先秦时属百越之地,而后区划辗转由同安县至南安县至泉州府,又至嘉禾里、中左所、思明州,道光年间正式开埠,光绪年间鼓浪屿成"万国租界"。1949年9月,厦门始为福建省辖市,逢今正与新中国同庆七十华诞。

七十年风云巨变,四十载改革开放,厦门始终走在发展的前列。厦门的经济建设者和文化传承者在这片热土上播洒了无数血汗,书写了特区建设可歌可泣的恢宏篇章,他们的事迹镌刻在厦门历史的丰碑之上。在有册可循的文字记载之外,尚有不少重要的人与事如沧海遗珠,未及缀补。

借此,厦门城市职业学院秉持"因城而生,为市则活"的办学信念,不仅通过专业建设主动对接厦门现代产业体系的需求,为厦门经济建设输送大量高素质技术技能人才,同时也通过多样性文化研究平台的建设,主动担当传承厦门优秀文化的使命。其中,由本校陈仲义教授领衔,汇聚校内英才、兼纳厦门名士,成立的"厦门口述历史研究中心",多年来致力于借助口述历史的形式,采集、整理那些即将消失的厦门城市记忆和历史"声音",成就了一批如"厦门口述历史丛书"这样的重要成果。

卡尔·雅斯贝斯(Karl Jaspers)说:"对人们而言历史是回忆,因为人们曾从那里生活过来,对那些历史的回忆便构成了人们自身的基本成分","人生而有涯,只能通过时代的变迁才能领悟到永恒,因此只有研究历史才是达到永恒的唯一途径"。从这个意义看,口述历史正是文字历史的多元融合形式,二者融合可以实现对文字历史的"补缺、参错、续无"之功。

厦门城市职业学院跨界组建口述历史研究团队,在对厦门城市历史的修撰补充中,通过跨界与融合,使厦门经济建设与文化传承的脉络更加清晰,使人们对过去时代的领悟更加深刻,从而使未来的发展更加稳健。陈寅恪先生说:"在历史中求史识。"而历史的叙写过程何尝不亦为史识的求证过程?历史告诉我们,发展才是硬道理;历史的叙写过程告诉我们,跨界、融合,才是通向卓越发展的道路。这正契合了厦门城市职业学院的办学理念:育人为本,跨界融合,服务需求,追求卓越!

陈仲义同志是与厦门城市职业学院一起成长的专家、教授,长期以来笔耕不辍,著作等身,受人景仰,在中国诗歌评论领域建树丰硕。祝愿他带领的新的团队,为厦门地方文化建设,踔厉奋发,再续前页。

2019 年 8 月

总序二

盾构在隧道里缓缓推进

陈仲义

2015年暑期,奉命筹建口述历史研究中心,定位于承传厦门本土文化遗产,"口述"珍贵的人文历史记忆,涉及厦门名门望族、特区建设人才、侨界精英、闽南非物质文化遗产,以及原住民、老知青、老街区等题材的采集、整理、研究工作。

以为组织一干人马,并非什么难事。物色人选,各就各位;遴选题材、规范体例、包干到户,如此等等,便可点火升帆。然而,一进轨道,方知险情叵测。这些年来,"双建"(建设国家级示范性院校、省级文明院校)目标之重如大山压顶,团队成员几近分身无术、疲于奔命。先后有三位骨干因教学、家庭问题退出,一时风雨飘摇。面对变故,我们也只好以微笑、宽容、"理解之同情",调整策略,放缓速度,增补兵源。

开工之后,"事故"依然不断:明明笃定选中的题材,因事主"反悔",说服无效而眼睁睁地看着泡汤;顺风顺水进行一半,因家族隐私、成员分歧,差点夭折;时不时碰上绕不过去的"空白"节点,非填补不可,但采撷多日,颗粒无收,只好眼巴巴地在那儿搁浅,"坐以待毙";碰上重复而重要的素材不想放弃,只能在角度、语料、照片上做大幅度调整、删减,枉费不少功夫;原本以为是个富矿,开采下去,却愈见贫瘠,最后不得不在尴尬中选择终止……诸如此类的困扰大大拖了后腿。好在团队成员初心不变,辑志协力,按既定目标,深一脚浅一脚缓缓而行。

团队从原来7人发展到10多人。校内10人来自中文、社会、旅游、轨道交通、图书馆、办公室等6个专业与部门。除本人外,皆清一色70、80后,正值"当打之年"。校外7人,分属7个单位,基本上属古稀花甲。如此"忘年交"配对,没有出现"代沟",反倒成全了本团队的一个特色。

团队阵容尚属"可观":正高2位、副高8位、讲师2位。其中硕士4位、博士3位。梯队结构合理,科研氛围融洽。特别是校外成员,面对经费有限,仍不计报酬,甘于奉献。

在学院领导的关怀和大力支持下,丛书终于初见规模。作为中心责任人,在选题挖掘、人员组织、关系协调、难题处理方面,虽倾心尽力,但才疏智浅,不尽人意。如果丛书能够产生一点影响,那是团队成员群策群力的结果;如果出现明显的纰漏不足,实在是个人短板所致!

阅读丛书,恍若穿梭于担水街、九姑娘巷、八卦坪,在烟熏火燎的骑楼,喝一碗"古早茶",再带上两个韭菜盒回家;从阁楼的樟脑箱翻晒褪色的对襟马褂,猛然间抖出残缺一角的"侨批",勾连起南洋群岛的蕉风椰雨;提线木偶、漆线雕,连同深巷里飘出来的南音,乃至一句"天乌乌,袂落雨"的童谣,亦能从根子上触摸揉皱的心扉,抚平生活的艰辛;那些絮絮叨叨、缺牙漏嘴的个人"活捞事",如同夜航中的小舢板,歪歪斜斜沿九龙江划到入海口。我们捡拾陈皮芝麻,将碎片化的拼缀、缝补,还原为某些令人欷歔的真相,感受人性的光辉与弱点;也在接踵而来的跨海大桥、海底隧道、空中走廊的立体推进中,深切认领历史拐点、岁月沧桑、人心剧变如何在时代的潮涌中锻造个人的脊梁。

历史叙述,特别是宏大的历史叙述,随着主要亲历者、见证者离去,"隔代遗传"所带来的"衰减"日渐明显。而今当下,历史开始从主流、中心、精英叙事转向边际、凡俗。新地带的开垦,将迎来千千万万普通民众汇入的"小叙事"。日常、细节、互动,所集结的丰富性将填补主流人类学、历史学、社会学、地方志的"库藏",因应出现"人人来做口述史"(唐纳德·里奇)的提倡,绝非空穴来风,而具深远意义。

口述形式,有别于严丝合缝的文献史料,也有别于步步推进的考辨理据;亲切、在场、口语化、可读性,可能更易迎合受众的"普及",这也是它得以存在且方兴未艾的长处,怎样进一步维护其属性、增添其特性光彩呢?口述历史不到百年寿龄,其理论与实践存在诸多争论与分歧。作为基层团队,多数成员也非训练有素的史学出身,但凭着热情、毅力,凭着对原乡本土一份挚爱,"摸着石头过河",应该可以很快上岸。

表面上看,口述历史难度系数不大,大抵是一头讲述,一头记录。殊不知平静的湖面下藏有深渊。它其实是记忆与遗忘、精准与模糊、本然与"矫饰"、真相与"虚构"、本能与防御、认同与质疑,在"史实"与"变形"间的悄然较量,其间夹杂多少明察与暗访、反思与矫正。不入其里,焉知冷暖?

"口述性"改变了纯文献资料的唯一途径,但没有改变的依然是真实——口述史的生命。初出茅庐,许多规范尚在摸索阶段,但总体而言,第一步基本上应做到"如实照录",亦即《汉书》所褒赞司马迁的"其文直,其事核,不虚美,不隐恶"的实录精神,而要彻底做到这一点很不容易。不仅要做到,接下来还要互证(比较、分析),规避口述者易犯的啰唆重复、拖泥带水、到哪算哪的游击作风;而整理者的深入甄别、注释说明、旁证辅助、文献化解、在场还原、方言转换,尤其是带领学生社会实践的参与度,仍有很大的提升空间。

厦门历史文化,比起华夏九州、中原大地,确乎存在不够悠久丰厚之嫌,但与之相伴的闽南文化、华侨文化、嘉庚精神,连同入选国家级非遗名录的歌仔戏、高甲戏、南音、答嘴鼓、讲古等,各有厚植,不容小视。中心刚刚起步,经验不足,稚嫩脆弱,许多资源有待开发,许多题材有待拓展,许多人脉有待联络,许多精英有待挖掘。如果再不努力"抢救",就有愧于时代与后人了。

其实,厦门出版的地方历史文化书籍还是蛮多的,大到盛世书院,小至民居红砖,成套的、散装的,触目可取。但面对拥挤而易重复的题材,何以在现有基础上,深入腹地,称量而出;面对长年养成的惯性思路,何以在口述语体的风味里,力戒浅率而具沉淀之重?

编委会明白自身的长短,与其全面铺开战线,毋宁做重点突进,遂逐渐把力量集中在四个面向:百年鼓浪屿、半世纪特区、国家级非遗名录、老三届群体。希望在这些方面多加钻探,有所斩获。

无须钦慕鸿门高院,关键是找好自身的属地与"籍贯"。开发历史小叙事、强化感性细部、力戒一般化访谈、提升简单化语料,咀嚼髻颏间的每一笔每一划。罗盘一经锁定,就义无反顾走到底,积跬步而不惮千里之远,滴水穿石,木锯绳断,一切贵在坚持。愿与各位同道一起,继续铢积寸累,困知勉行。

最近刚刚入住东渡狐尾山下,正值二号地铁线施工。40米深的海底隧道,隐隐传来盾构声,盾构以平均每小时一米的速度推进着,与地面轰鸣的搅拌机相唱和。俯瞰窗外白炽的工地和半掩的入口处,常常想,什么时候,它还会碰上礁岩、滑沙、塌陷和倏然涌冒出来的地下水?失眠的夜晚,心里总是默数着:一米、一米、再一米……

2019 年 4 月

目录

绪论	/ 1 /
1.房产类票据	/ 4 /
1.1　厦门岛房产票据	/ 4 /
1.2　鼓浪屿房产票据	/ 31 /
2.警费类票据	/ 46 /
2.1　警察捐票据	/ 46 /
2.2　请愿警警饷票据	/ 50 /
3.其他捐、税、费票据	/ 56 /
4.社会捐款票据	/ 81 /
5.房租类票据	/ 121 /
6.金融类票据	/ 132 /
6.1　银两汇票	/ 132 /
6.2　银圆汇票	/ 139 /
6.3　法币汇票	/ 154 /
6.4　支票	/ 160 /
6.5　存款单	/ 178 /
7.彩票票据	/ 180 /
8.水电票据	/ 205 /
8.1　水费票据	/ 205 /
8.2　鼓浪屿电费票据	/ 216 /

  8.3 厦门岛电费票据 / 228 /
  8.4 水电维修票据 / 234 /
9. 城市服务票据 / 238 /
10. 餐饮、茶事票据 / 263 /
  10.1 餐饮票据 / 263 /
  10.2 茶事票据 / 269 /
11. 文化用品票据 / 276 /
12. 司法类票据 / 294 /
13. 其他票据 / 306 /

后 记 / 324 /

绪论

票据是收藏中最不起眼的物品之一。作为一种纸制品，其材质随处可见、价格低廉，其工艺大都十分简单，没有一点神秘感。与同为纸制品的邮票相比，绝大多数的票据没有精心的设计，没有诱人的绘图，没有绚丽的色彩，似乎是不宜在大雅之堂出头露面的东西。

很少人注意到，票据是最具社会性的物品。邮票属于通信联络领域的专用品，票据却是人类在经济、文化等各个领域活动的证物，几乎涉及人类衣、食、住、行的方方面面。因此，票据在反映社会生活的丰富性和人类活动的多面性上，具有其他藏品不可比拟的长处。票据中蕴藏着大千世界的种种信息，反映着大千世界的种种变故。读懂了一个行业的票据，就等于读懂了一个行业；读透了一个地方的票据，就等于读透了一个地方。

票据又是最具个性的物品。同整版整版印刷的精美邮票不同，绝大多数的票据都是一个个具体的人在社会交往的过程中创造出来的作品，具有鲜明的行业特点，又有独特的人物性格。大多数的票据是商品交换的产物，而每一次商品交换，都因为交换者的不同显示出不同的社会背景、不同的职业、不同的经济条件，甚至不同的脾气。即便是同一个人，在不同的时间进行同一种商品的交换，也会因为不同时间的不同心情产生不同的结果。可以说，每一张票据都是独特的。哲学上说，人的一辈子不可能踏进同一条河流两次。就票据而言，人的一辈子也不可能接触到两张一模一样的票据。

票据具有万古不变的真诚。一张票据如果诞生，它问世时是什么样子，就会一直保持下去。时代变迁，权力更替，荣辱颠倒，贵贱变异，都不能使它产生一丝一毫的逢迎变节，即便时光消磨了它的身躯，它仍会坚守与生俱来的一切内在。即便灰飞烟灭，也不改变初衷。最可信任，永不变节，这是票据永恒的承诺。

基于上述原因，票据堪称最可靠的历史见证者。

尽管票据可以作为见证历史的最好物证，但大多数的票据作为个体，其代表面的狭窄是不言而喻的。如果历史是一片浩瀚的海洋，票据只是极小极小的一滴海水。所以，票据见证历史但不代表历史。面对一张票据时，我们面对的或许只是历史进程中一件微不足道的小事，它当然不能代表历史，但它传递着历史的某种信息。历史就是过去。过去是不可能重现的。今人对于历史即过去的任何诠释都是一种假设性的诠释。票据的存在使我们在建构或者阅读这些被称为历史的假设性诠释时增加了些许亲炙旧日时光的实际感受。

厦门城市职业学院口述史研究中心是在开展口述史工作过程中接触到票据这一藏品的。随着工作的开展，对票据的认识也不断深化。于是便有了这部票据的"口述史"。

本书采用门类图说体例，个别门类下设二级门类，门类或二级门类之下图片按时序排列，适当插入解读。全书选录旧票据290件，分设13个门类，其中房产类（下设厦门岛房产、鼓浪屿房产2

个二级门类)票据 39 件,警费类(下设警察捐、请愿警警饷 2 个二级门类)票据 11 件,其他捐、税、费票据 16 件,社会捐款票据 28 件,房租类票据 13 件,金融类(下设银两汇票、银圆汇票、法币汇票、支票、存款单 5 个二级门类)票据 42 件,彩票票据 22 件,水电(下设水费、鼓浪屿电费、厦门岛电费、水电维修 4 个二级门类)票据 30 件,城市服务票据 21 件,餐饮、茶事票据 16 件,文化用品票据 26 件,司法类票据 13 件,其他票据 13 件。全书共安排解读 150 则。

壹

房产类票据

1.1　厦门岛房产票据

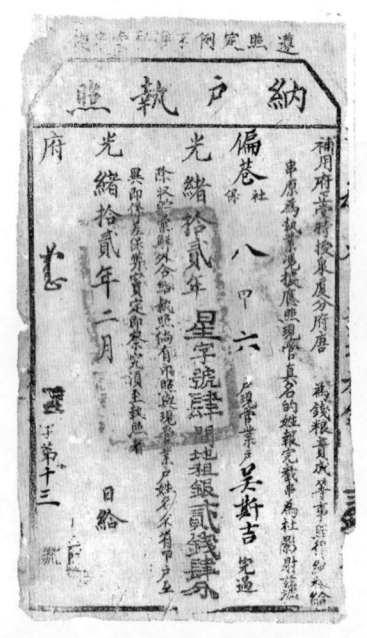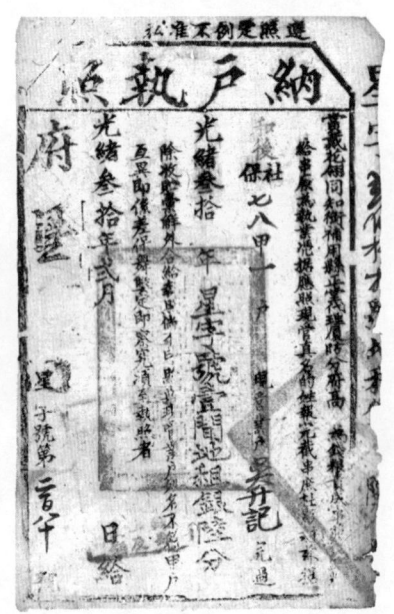

上左　图1-1　清光绪十二年（1886年）二月偏巷房屋地租纳户执照
　　　　　　（白桦藏品）

上右　图1-2　清光绪三十年（1904年）二月和后保房屋地租纳户执照
　　　　　　（白桦藏品）

解读：

图 1-1、图 1-2 为清光绪年间的两张地租银收据,时称"纳户执照"。所谓地租银,又称地税、铺捐、房捐、产业税,今称房产税。清康熙二十八年(1689 年),靖海将军施琅奏请朝廷,对环厦门城周围四社的民房、官地估价定税,所征收税款用于修理城池、营房。当时的福建布政司认为,将民间税收用于修筑城池、营房不妥,但同意或照地亩征银,或就房间收税,所得充作兵饷。随后派员到厦门勘察丈量,将附城福山、怀德、和凤、附寨四社共 15175 间房屋分为天、地、日、月、星五等征税:天字号每间屋征银 3 钱,地字号每间屋征银 2 钱 4 分,日字号每间屋征银 1 钱 8 分,月字号每间屋征银 1 钱 2 分,星字号每间屋征银 6 分,于康熙三十四年(1695 年)开征,当年征银 1968 两 2 钱 4 分,每银一钱,另加收耗羡 97 文。之后凡有新盖房屋,均需申报纳租。地租原由四社保长负责征收,赴同安县缴纳。雍正六年(1728 年),改归驻厦门海防同知厅完纳。地租一年分两期征收,照例二月开征,六月停征;七月又复开征,次年三、四月内汇总解款。

图 1-1 的业主地址为"偏巷八甲六户","偏巷"位于何处已不可考。图 1-2 的业主地址为"和后保七十八甲一户","和后保"全称为"和凤后保",又称"和凤后社",以供奉吴真人和妈祖的和凤宫得名,在今定安路西段、大中路、小走马路一带。两张收据均为驻厦门的泉州府海防同知签发,时间相差 18 年,从格式到遣词造句基本没有什么变化,可见当时官府办事的因陈守旧。图 1-1 业主有 4 间星字号房屋,年收地租银 2 钱 4 分,平均每间年缴地租银 6 分。图 1-2 的业主有 1 间星字号房屋,年缴地租银 6 分。星字号房屋每间每年缴纳地租银 6 分的纳税标准从康熙三十四年(1695

年)到光绪三十年(1904年),209年间没有增加,白银这一货币的稳定性令人惊讶。两张收据均没有体现"耗羡"这一项目。所谓耗羡,即火耗和羡余。火耗指的是将零散银两熔化后铸成银锭产生的损耗,一般通过加征正税之外的附加税来弥补,弥补之余则成为地方官的额外收入,称羡余。施琅在厦门岛开征房产税时定下的耗羡高达每钱正税附加97文。按当时一钱银子折合铜钱120文上下计算,附加税接近于正税的八成左右。以星字号房屋为例,一年地租银6分加上耗羡,缴纳的税款就增加到1钱8厘。雍正二年(1724年),推行"火耗归公",原先归征税官员所有的"耗羡"变成国库收入。但光绪年间的这两张缴税收据均没有体现康熙三十四年(1695年)定下的耗羡,因此并不能准确反映当时业主的税负。

1.房产类票据

上　图1-3　民国元年（1912年）厦门民政厅房屋地租收据（白桦藏品）

解读：

辛亥革命之前，厦门岛由兴泉永道泉州府海防同知管理，清宣统三年九月二十四日（1911年11月14日）厦门光复之后，先是成立福建军政府南部分府，随即撤销，恢复兴泉永道，在原海防同知署设厦门民政厅，管理岛内政务。民国元年（1912年）4月成立思明县,厦门民政厅随即撤销。存在不到5个月的厦门民政厅却留下了一张极为可贵的地租收据,即房产税执证。

这张收据所盖的印鉴是"厦防厅印"。所谓"厦防厅"即前清泉州府驻厦门海防同知署的简称。之所以出现这种现象,是因为当时的厦门民政厅经费十分困难,以致尚未来得及刻制印章,先把前清驻厦门海防同知署的印鉴挪来使用。收据上的业主是厦港保四甲九户,所拥有的房产为星字号房屋,除了缴纳6分正耗银之外,还增加了两项附加税,即每1两银子加随粮捐小洋4角、铁路捐小洋2角,按照1两银子大约折合1元4角计算,约为正税的43%。

1.房产类票据

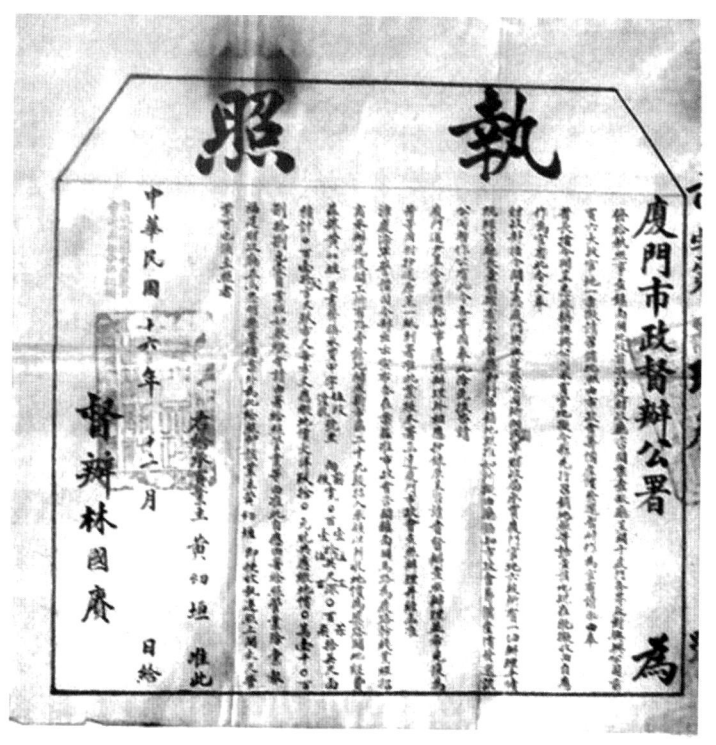

上　图1-4　民国十六年（1927年）12月林国赓签发的执照
（陈亚元藏品）

图1-4内文如下：

　　执照　厦门市政督办公署　为/发给执照事：查镇南关地段前准福建财政厅咨问案查敝厅呈关于厦门各界反对兴兴公司前/买六大段官地一案拟请召销地照由市政会筹备产价发还暂时作为官有请示由。奉/省长指令阅呈悉签称兴兴公司承买官地拟令县先行召销地照等语。查该地现在既拟召回，自应/作为官有。此令。又奉/财政部指令阅呈悉。厦门兴兴建筑公司所向闽民军财政局承买厦门官地六段，所有一切办理手续/统经该厅长查明，确有不合，自应即行吊销地照。准如所拟，由厅饬知市政会筹备产价发还该公司，/转作公有。此令。各等因奉此。经先后咨请/厦门道尹责令思明县知事遵照办理外，相应抄录原呈咨请赉督办查照办理，并希见复为/荷等因即抄送原呈一纸到署。准此。业经本署函达厦门市政会查照办理并经函准/漳厦海军警备司令部出示宣布各在案。兹准市政会咨问，镇南关马路为厦路干线，业经招/商承办，先后开工，所有路旁余地，辟为新市区二十九段，召人来领，以所收地价为筑路辟地经费。/兹据黄幼垣具书声称承买甲字伍段拾伍号至向前壹拾伍英尺、向后壹拾伍英尺，左深柒拾英尺、右深柒拾英尺，面/积计壹拾贰方丈玖方尺。每方丈应缴地价大洋玖拾元。统共应缴地价壹千/捌拾捌元壹角。业经如数缴全，请由署给照营业。　等由。准此。自应由署给照营业。除汇解/福建财政厅并向思明县署备案外，为此给照仰该业主黄幼垣即便收执，遵照上开丈尺营/业可也。须至照者/右给承买业主黄幼垣　准此/中华民国十六年十二月　日给/督办　林国赓

　　注：引文中"/"表示原件行文另起一行；标点符号为编著者所加。全书同。

执照左边盖有阳文篆书公章，印文为"厦门市政会办关防"。左上方有两行18字正楷字印，字迹模糊，未能辨认。

解读：

这是一张极为罕见的房产执照。签署发放这一执照的林国赓时任国民政府漳厦海军警备司令部司令，兼任厦门市政督办公署主任。这件执照与其说是证件，倒不如说是一张布告。执照详细介绍了厦门市政会如何克服重重困难，把官司从思明县、厦门岛道打到福建财政厅、国民政府财政部，将前"漳厦护军使"臧致平（即执照中所称"闽民军"）以每方丈不到1元的价格贱卖给兴兴建筑公司的镇南关等六段公地追回，保证镇南关筑路辟地市政工程的顺利进行。林国赓挟漳厦海军警备司令部司令之威签署颁发这一特殊的带有公告性质的房产执照，主要目的就是排除投资人的顾虑，吸引更多人来投资开发镇南关。林国赓再造厦门的决心和意志由此可见一斑。当时的厦门，中外势力并存，关系错综复杂，林国赓凭借他的雄韬大略，法威兼施，知人善任，成就了厦门城市建设的第一次辉煌。民国版《厦门市志》将20世纪20年代后期厦门市政建设的成就归功于林国赓，称其"改革市区，不遗余力"，"不避劳怨，不辞艰辛，从容应对"，认为"厦市有今日，非林司令不为功也"。这张房产执照可以作为上述评价的实证之一。在执照上盖印的"厦门市政会办"即林国赓的得力助手周醒南，是厦门第一次城市改造的总设计师和践行者。执照的业主也非等闲之辈。黄幼垣即黄鸿翔，台湾嘉义人，长居厦门，日本法政大学毕业，时任厦门大学教授、校董事会董事，《厦门海后滩交涉档案摘要》一书的编辑者。

执照中称，黄幼垣所购地产每方丈付大洋90元，与半年之后林国赓在一份布告中所称镇南关地价"甲等每方丈售六十三元，乙等售四十九元，丙等售四十二元"有较大差距，是否因为开辟土地增多导致价格下降，抑或有其他原因，尚有待考证。

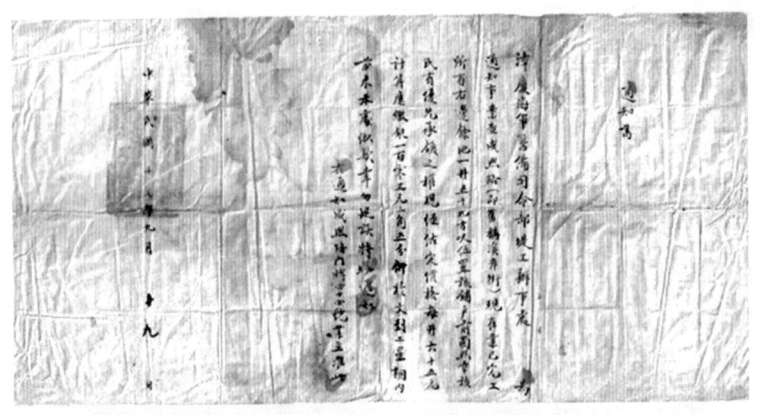

上　图1-5　堤工办事处民国十七年（1928年）9月购地通知书（陈亚元藏品）

下左　图1-6　整理土地办事处民国廿年（1931年）5月房屋出典凭证（陈亚元藏品）

下右　图1-7　临时路政办事处民国廿年（1931年）8月修筑马路工程费收据（陈亚元藏品）

1. 房产类票据

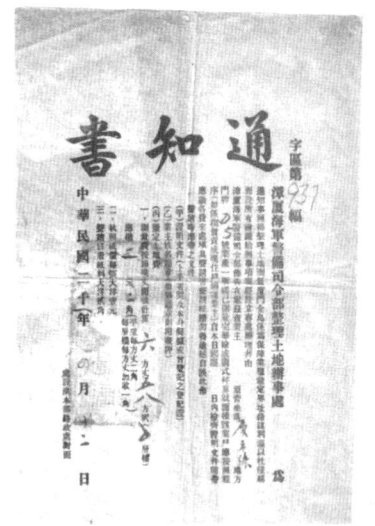

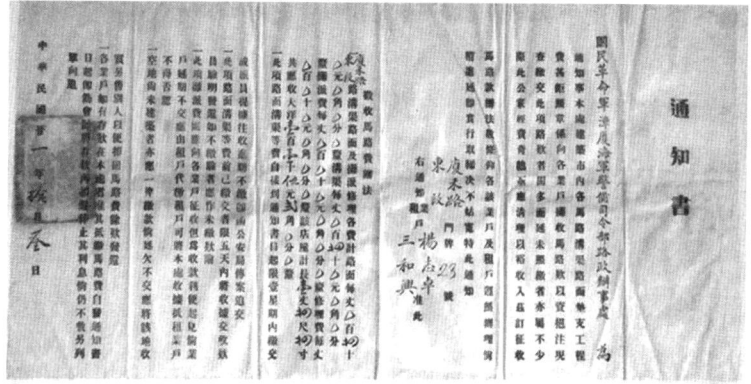

上左　图1-8　整理土地办事处民国廿一年（1932年）4月收取房屋测量费通知书(陈亚元藏品)

上右　图1-9　整理土地办事处民国廿一年（1932年）5月房屋测量费收证(陈亚元藏品)

下　　图1-10　路政办事处民国廿一年（1932年）10月征收马路款通知书(陈亚元藏品)

解读:

图 1-5 至图 1-10 是漳厦海军警备司令部主持厦门城市改造期间产生的文件。制作、颁发这些文件的均为其下属部门,图 1-5 为堤工办事处,图 1-6、图 1-8、图 1-9 为整理土地办事处,图 1-7、图 1-10 为路政办事处。三个办事处承担了厦门城市改造的三大工程:修筑堤岸、修建道路、开辟土地。

图 1-5 为堤工办事处发放的溪岸街(时称成熙路)购地通知书。该地段地处筼筜港南岸,原有龙川河、东岳河、魁星河等小溪流,河沟纵横,海水漫流。堤工处在这一带修建海堤、河岸,填平沟渠,扩大土地面积。所增土地照章由临近铺户优先购买。通知书上的"一井"即一(平)方丈,"方呎"即(平)方尺。该地段一平方丈地价为大洋 65 元,略高于同一时期镇南关甲等地段一方丈 63 元。

图 1-6 为整理土地办事处民国廿年(1931 年)5 月颁发的民间房屋出典凭证。这种房产契约证件本来应该由思明县政府颁发,应该是因为地处修建中的思明南路,属于漳厦海军警备司令部负责的城市改造范围,所以由海军的整理土地办事处颁发。由该凭证可以看出,该房屋总面积 3 方丈 94 方尺,约合 43.77 平方米,民国六年(1917 年)12 月价值大洋 220 元(典价 200 元),每平方米约 5 元。该凭证收费大洋 1 元。

图 1-7 为临时路政办事处民国廿年(1931 年)8 月开具的收取禾祥街 18 号建筑马路工程费收据。收据表明,这位临街业主须为门前的 1 丈零 8 寸的马路付建筑费 109 元 3 角。

图 1-8 为整理土地办事处开具的收取房屋测量费通知书。通知书载明,厦禾路 D5 号房屋为平房,测量面积为 6 方丈 58 方尺,按照平房每方丈收测量费 2 角、奇零数按 1 方丈计算的标准,应收

金额为1元4角。收据上显示为"二元二角"。仔细观察,可见该单据测量费收取金额之处字迹漫漶不清,两个"二"字明显为后人所加,不足为信。

图1-9为整理土地办事处开具的房屋测量费收证,即收据。收据表明,蓼花溪尾(今蓼花路)87号房屋为二层楼房,面积多达60方丈80方尺(约675平方米),按照楼房每层每方丈收测量费3角、奇零数按1方丈计算的办法,应收测量费大洋18元3角,执照即房产证收费大洋1元,注册费2角,共收费19元5角。

图1-10为路政办事处民国廿一年(1932年)10月开具的征收厦禾路东段23号建筑马路工程费通知书。通知书载明:"缴交此项路款者固多,而延未照缴者亦属不少。"因此,特意制定了《征收马路费办法》,以强化征收力度。从《征收马路费办法》可知,马路费包括路面费、沟渠即下水道费、摊派费、修理费四项,以业主临街路段长度计费。从其中路段名称和征收金额均为留白可以推断,不同的路段有不同的征收标准。厦禾路东段的标准为每丈征收路面工程费大洋40元、沟渠工程费40元,未征收摊派费和修理费,平均每尺征收大洋8元。比对一年前禾祥街18号(图1-7)平均每尺征收大洋10元1角,征收标准略有降低。

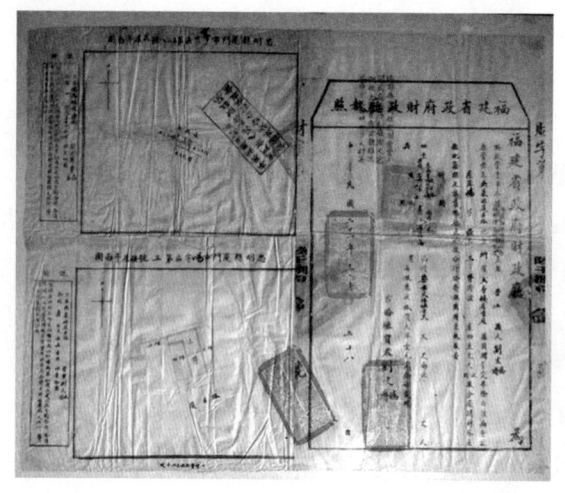

上左　图 1-11　漳厦海军警备司令部整理土地办事处民国廿三年（1934年）3月以福建省财政厅名义颁发的房产执照(陈亚元藏品)

上右　图 1-12　漳厦海军警备司令部整理土地办事处印鉴 (陈亚元藏品)

解读：

图 1-11 的原件为铅字印刷普及之前常用的蜡纸刻印件，一般为随刻随用，刻印时间与使用时间不会有太长的间隔。从画面上看，该房产执照（即房产证）的颁发机构是福建省财政厅。但仔细辨认，不难发现执照上使用的是"漳厦海军警备司令部整理土地办事处"的印鉴；而且加盖了四行红字，内容大致为：遵章每方丈征收测量费大洋贰角，每层楼每方丈加征收大洋一角，奇零数不足一方丈遵章按方丈计算云云。这一说明征收测量费标准的印章显然是整理土地办事处所盖。这说明漳厦海军警备司令部虽然实际掌控

了厦门岛,但对外还是要表现出对于地方政府的尊重。这件房产执照颁发时间是民国廿三年(1934年)3月,此时由国民革命军第十九路军发动的"福建事变"已于两个月之前失败,执照左侧上下两幅测量图分别标注"思明县厦门市宇字区第五三八号民房平面图"和"思明县厦门市场字区第三号楼房平面图",说明"福建事变"前设立的"思明市"和"福建事变"期间设立的"厦门特别市"均被撤销,恢复了思明县的建置。

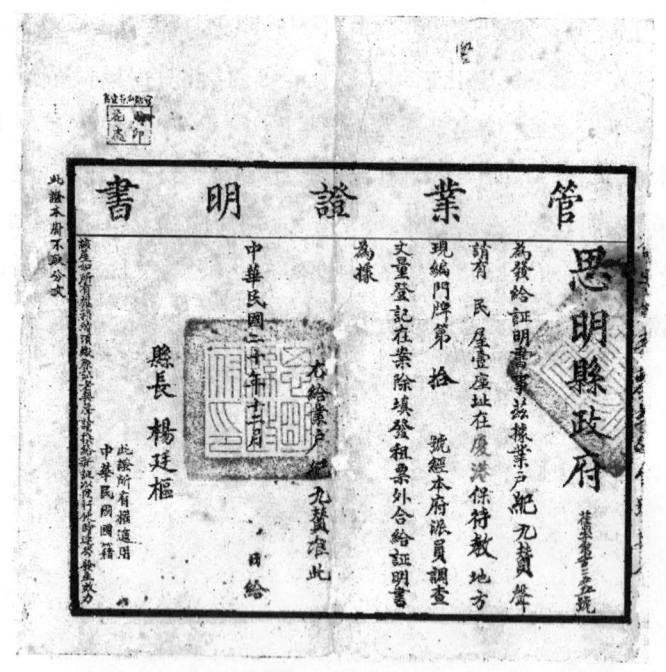

上　图1-13　思明县政府民国廿年（1931年）12月厦港保待教地方管业证明书(白桦藏品)

解读：

　　图1-13管业证明书相当于房产证。该房屋位于厦港保待教地方（今厦港街道待教巷）门牌第10号。该地段位于思明南路与厦门岛西南海岸之间，当年修建马路和堤岸均未涉及这一地段，所以仍使用思明县政府颁发的房产证。值得注意的是，房产证左侧明确注明："此证本府不取分文。"对比图1-6、图1-11所载执照"每张应收纸价大洋壹元"和图1-8、图1-9所载"执照纸价每张大洋壹元，声请注册纸料大洋贰角"，思明县政府似乎更为体恤民生。

1.房产类票据

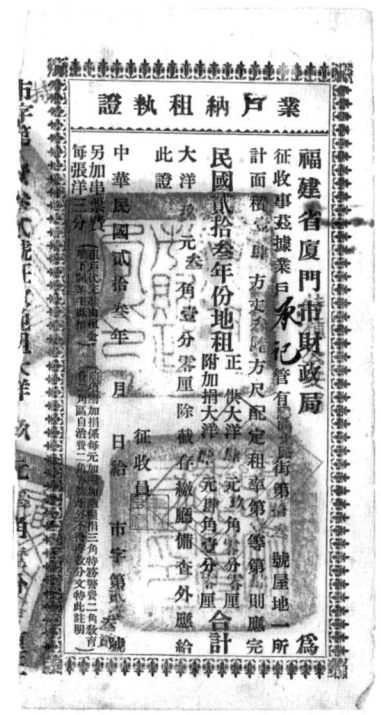

上左　图1-14　福建省厦门特种公安局民国廿三年（1934年）思明北路19号业户纳租执证（白桦藏品）

上右　图1-15　福建省厦门特种公安局印鉴

解读：

　　图1-14业户纳租执证反映了老厦门一段短暂而奇特的历史。

　　该执证记载了民国廿三年（1934年）厦门老市区思明北路13号名为"承记"的商铺地租缴纳情况：这家商铺面积为13方丈36方尺（约为159.4平方米），为"一等第四则"纳租户，当年应缴纳地租大洋4元9角，依照每元正税加征附加粮捐3角、特务警费2

角、教育费2角、区自治费2角,再加上串票费即收据工本费3分,合计缴交大洋9元3角1分,以同一时期每百斤大米售价约大洋7元计,承记当年缴纳的正税和附加捐大致相当于133斤大米。

这张业户纳租执证是由福建省厦门市财政局印制的。这一"厦门市"是民国廿一年(1932年)由福建省民政厅提议设立的,民国廿二年(1933年)2月任命许友超为厦门市筹备处处长,不久就改任厦门市市长。这张业户纳租执证即房地产税收据应该是许友超任市长的"厦门市"为成立后第一年征收房产税所准备的。右侧首行"厦门市财政局"以及上方加盖的"厦门市财政局"印章可以证明当时的厦门市政府已经开始运转。但是,同年8月开始接管思明县署时,厦门市又改为思明市。显然,改设的思明市没有足够的财力将已经印好的业户纳租执证作废重印,为了节省开支,负责收税的思明市公安局在原先的业户纳租执证下方加盖了一方"思明市公安局"(见图1-15)的印章,作为收税收据。但是,还未等到正式开征民国廿三年(1934年)的税收,驻闽国民革命军第十九路军便于民国廿二年(1933年)11月20日发动"福建事变",成立"中华共和国人民革命政府",随即设立厦门特别市,任命第十九路军参谋长黄强为"厦门特别市"市长兼漳厦警备司令,刚成立3个月左右的思明市夭折于襁褓之中。这个由"福建事变"催生的"厦门特别市"的寿命比思明市还短。民国廿三年(1934年)1月,南京国民政府的军队相继占领福州、漳州等地,"福建事变"宣告失败,"厦门特别市"被撤销,恢复思明县建置(参见图1-11解读),民国廿三年(1934年)6月1日则成立厦门特种公安局,负责厦门老市区的警务和税收征收。于是,原先由福建省民政厅提议设立的厦门市财政局印制的、民国廿二年(1933年)8月加盖"思明市公安局"的房地产税收据加盖"特种公安局"字样,便成为这一期间厦门当局的收税凭证。一张收据,3处加盖印章,生动反映了民国廿三年(1934年)前后厦门风云变幻、时局动荡的状况。

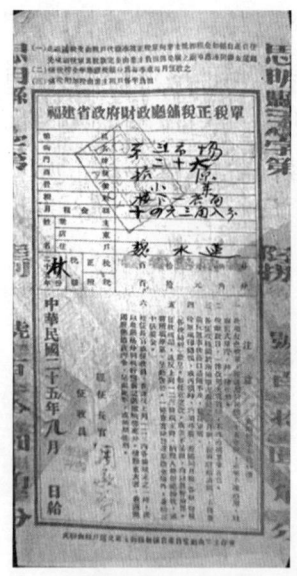 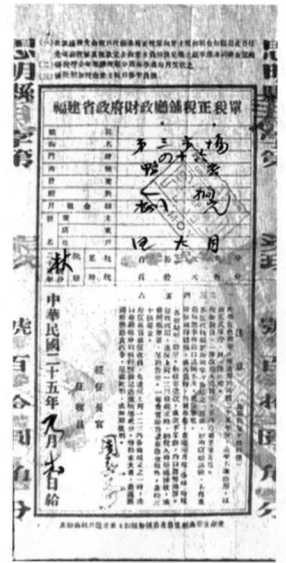

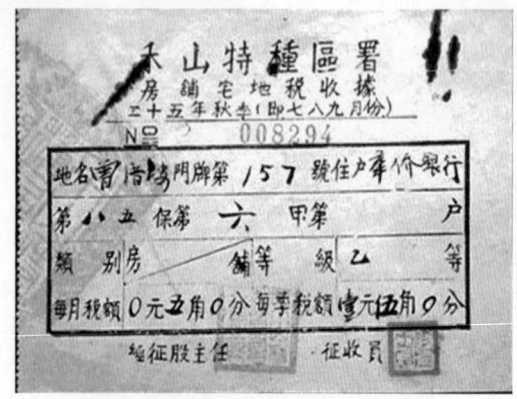

上左　图 1-16　福建省政府财政厅民国廿五年（1936 年）9 月第三市场 26 号铺税正税单(陈亚元藏品)

上右　图 1-17　福建省政府财政厅民国廿五年（1936 年）9 月第三市场 40 号铺税正税单(陈亚元藏品)

下　　图 1-18　禾山特种区署民国廿五年（1936 年）秋季曾厝垵房铺宅地税收据(白桦藏品)

解读：

图1-16、图1-17是福建省政府财政厅民国廿五年(1936年)9月开具的厦门第三市场26号铺和40号铺的铺税正税单。此时，厦门市已经成立一年多，按照有关规定，厦门市的铺税为省税，由厦门市政府征收后上解省政府，所以使用的收据由省政府财政厅开具。为了防止税款流失，税单上载明种种规定：税单按年份印制，不得跨年度使用，所收税款不能手写，必须使用大写数字印章填盖，税单涂改无效，纳税人检举征收人员贪污税款可获得10倍奖金，征收人员违反有关规定必依法惩处，等等。铺税由经营者代缴，可以抵扣租金。征税的税率主要参考商铺的租金。二图显示，第三市场(在今碧山路)26号铺经营者向业主租赁该铺的月租金为14元3角，缴纳的秋季即7、8、9三个月铺税为3元6角；40号铺的月租金为8元，缴纳秋季的铺税为2元。由此可知，当时出租房铺的业主每年要拿出一个月的租金缴纳铺税，税率大约是8.4%。

图1-16、图1-17中经任长官的签章为周敬瑜，浙江省嵊县人，毕业于日本京都帝国大学经济学部，民国廿五年(1936年)4月任厦门市政府财政局局长。

两张铺税正税单规制严密，印刷精良，但有一点令人不解：民国廿五年(1936年)9月厦门市已经成立1年又5个月，税单的骑缝上印的却是"思明县　字　号"。堂堂福建省政府财政厅印制的单据应该不会出现如此荒谬的错误。这应该是上一年年初即民国廿四年(1935年)初就开始印制下一年即民国廿五年(1936年)的房税收据所致，而彼时厦门市还未成立。但是，依照惯例，税务征管部门在使用这批"思明县"的收据时，应该加盖"厦门市"的图章。

毕竟，依照相关法律，已经不存在的"思明县"是没有收税资格的。

图1-18为禾山特种区署征收房铺宅地税收据。民国廿四年（1935年）4月成立厦门市，辖区仅局限在原先的中左所城及附城四社，岛内原先称上禾山、下禾山的"山场"划出设立省辖禾山特种区，由同安县代管。将厦门岛一分为二且将广袤的禾山郊区交由一海之隔的同安县代管，在当时的交通条件下，显然是极不合适的，同时也为厦门市的经济生活和城市发展增添了不便。民国廿六年（1937年）9月，福建省政府将禾山特种区改为禾山区，归厦门市政府管辖。至此，厦门岛全岛的行政区划臻于统一。这张房铺宅地税收据征收的是秋季即7、8、9三个月的税，成为禾山特种区的绝唱。收据显示，此时禾山的房产分类已经采用甲、乙、丙、丁、戊取代天、地、日、月、星，名目改了，但还是分为五等。收据上的曾厝垵157号为华侨银行的产业，显然是经商所用，被定为乙等，每月缴纳税款5角，一年四季的税款共计大洋6元。正常情况下大洋1元等于7钱2分银子，大洋6元便等于4两3钱2分银子。对比清代地字号房屋每年缴纳铺捐银2钱4分，增加了17倍。尽管此时社会生产水平有所提高，社会财富有所增加，但铺税的增长幅度还是十分惊人的。

1. 房产类票据

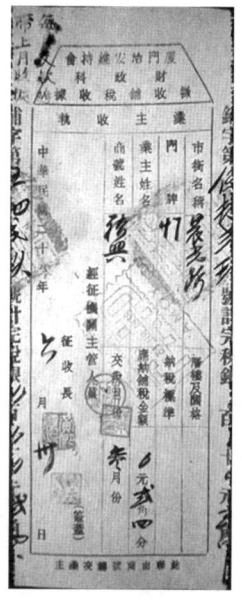

上左　图 1-19　伪厦门治安维持会民国廿八年（1939年）2月征收思明南路476号铺税收据(陈亚元藏品)

上中　图 1-20　伪厦门治安维持会财政科民国廿八年（1939年）6月征收晨光路47号铺税收据(陈亚元藏品)

上右　图 1-21　伪厦门特别市民国廿八年（1939年）7月征收大汉路31号铺税收据(陈亚元藏品)

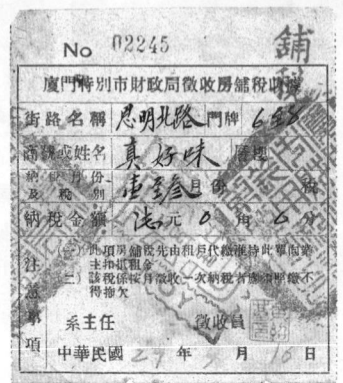

上左　图1-22　伪厦门特别市财政局民国廿八年（1939年）9月征收思明北路2号铺税收据(陈亚元藏品)

上右　图1-23　伪厦门特别市财政局民国廿八年（1939年）9月征收晨光路45号东升旅社1—6月铺税收据(陈亚元藏品)

下　图1-24　伪厦门特别市财政局民国廿九年（1940年）9月征收思明北路6—8号房铺税收据(白桦藏品)

解读：

图 1-19 至图 1-24 为日本侵华厦门沦陷期间的铺税收据。

图 1-19、图 1-20 为伪厦门治安维持会财政科开具的收据。民国廿七年（1938 年）5 月 10 日凌晨 3 时，日本侵略军从泥金、凤头发起攻击，5 月 12 日厦门全岛沦陷。6 月 20 日，日本当局纠集洪月楷等人，成立伪厦门治安维持会。所谓"厦门治安维持会"名义上是维持治安的群众自治组织，实际上是推行日方政令的工具，因此竟然设有财政科，负责征收铺税。为了蒙骗民众，伪治安维持会在铺捐收据上采用黄帝纪年，将民国廿八年（1939 年）2 月标记为黄帝纪元 4636 年 2 月。同年 4 月，汪精卫在日本政府的支持下，开始筹谋成立南京伪中央政府。为了配合这一举动，伪厦门治安维持会遂放弃使用黄帝纪元，恢复使用中华民国纪元（见图 1-20）。

图 1-21 至图 1-24 为伪厦门特别市财政局开具的收据。大概是"治安维持会"的名目难以维持的缘故，民国廿八年（1939 年）7 月 1 日成立由日本当局扶持的伪厦门特别市政府。

伪厦门治安维持会与伪厦门特别市的铺税征收显然比较混乱。虽然收据上有填报层楼及间隔、纳税标准等内容的要求，但在实际操作时这两处表格均没有填写。另外，从图 1-20、图 1-21 上加盖的红字以及图 1-24 上的"注意事项"来看，征收部门有按月纳税的规定，但图 1-24 显示为当年 3 月 16 日征收 1—3 月的铺税，图 1-23 则显示当年 9 月才一次性征收 1—6 月的铺税。图 1-23 这张收据的"纳税标准"一栏用中国传统记账商码注明"业主应完四元八角"，但"应纳税金额"一栏的金额却是"五元四角"。纳税收据出现这种问题，简直是不可想象。

从纳税金额来看,图1-19思明南路476号月纳税6角,图1-20晨光路47号月纳税2角4分,图1-21大汉路(今中山路)31号月纳税2角1分,图1-22思明北路2号月纳税3角,图1-23晨光路45号月纳税9角,图1-24思明北路6至8号月纳税2元(每间店面月纳税1元)。其中晨光路45号为东升旅社,思明北路6至8号为真好味餐馆(从商铺名号推测),按照门牌号单、双分列的惯例应为6号、8号两个店面,或因营业面积较大因而纳税标准较高,这是可以理解的;其他商铺月纳税额从2角1分到6角,收据上都看不出根据何在,可见日伪当局税务之混乱。

1.房产类票据

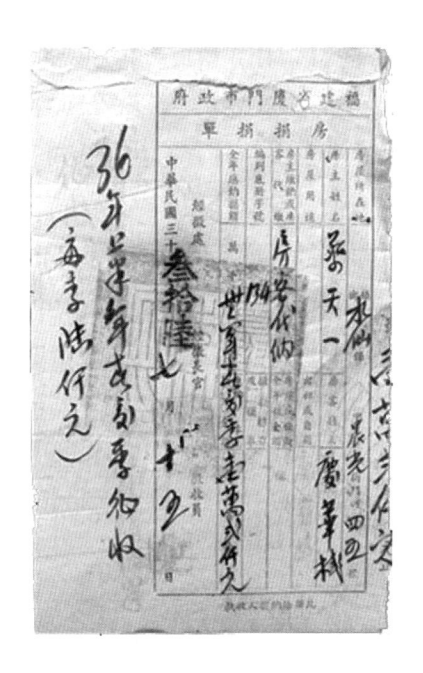

上　图 1-25　民国卅六年（1947年）7月水仙保晨光路房捐捐单
(陈亚元藏品)

解读：

图 1-25 为民国卅六年（1947年）7月由福建省厦门市政府开具的当年上半年房捐捐单，即铺税收据。此时已距抗战胜利一年多了。商铺所在地还是晨光路 45 号，仍旧经营旅店业，但店名已由东升旅社（见图 1-23）改为庆华栈。同沦陷期间相比，战后税捐征收改为半年一期，晨光路 45 号民国卅六年（1947年）上半年即春夏季共缴纳铺税 1.2 万元，月纳税 2000 元。

据《厦门金融志》记载，民国卅六年（1947年）7月，厦门市面上通行的货币是南京国民政府法定使用的货币，即法币。法币于民

29

国廿四年(1935年)11月4日开始取代银圆,成为国家法定货币,当时的兑换比例是法币1元等于大洋1元。厦门沦陷期间,日伪当局于民国卅一年(1942年)7月宣布禁用法币,改用汪伪国民政府中央储备银行发行的"中央储备银行兑换券"(简称"中储券"),2元法币兑换1元"中储券"。抗日战争胜利前,"中储券"急剧贬值,抗战胜利后,南京国民政府在厦门恢复使用法币,禁用"中储券",规定200元"中储券"兑换1元法币。此后开始进入疯狂通货膨胀阶段。到图1-25显示的民国卅六年(1947年)7月,晨光路45号每月铺税高达2000元,与民国廿八年(1939年)月纳税9角(此时尚使用法币)相比,房产税已经增加2000多倍。

1.2　鼓浪屿房产票据

上左　图1-26　鼓浪屿工部局民国十八年（1929年）7月征收本屿A3号下半年房屋租捐收据(白桦藏品)

上右　图1-27　鼓浪屿工部局民国十八年（1929年）12月征收本屿K28号下半年产业税英文收据(白桦藏品)

上　图1-28　鼓浪屿工部局民国廿七年（1938年）2月征收华侨银行本屿A145号上半年产业税收据
（陈亚元藏品）

上　图1-29　鼓浪屿工部局民国廿八年（1939年）7月征收张吉记第三季度产业税收据（陈亚元藏品）

1.房产类票据

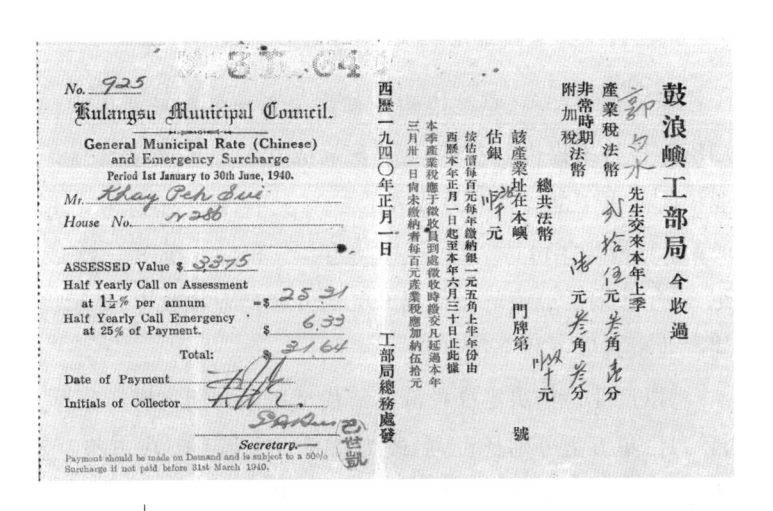

上　图 1-30　鼓浪屿工部局民国廿九年（1940 年）2 月征收本屿 N286 号第一季度产业税收据(白桦藏品)

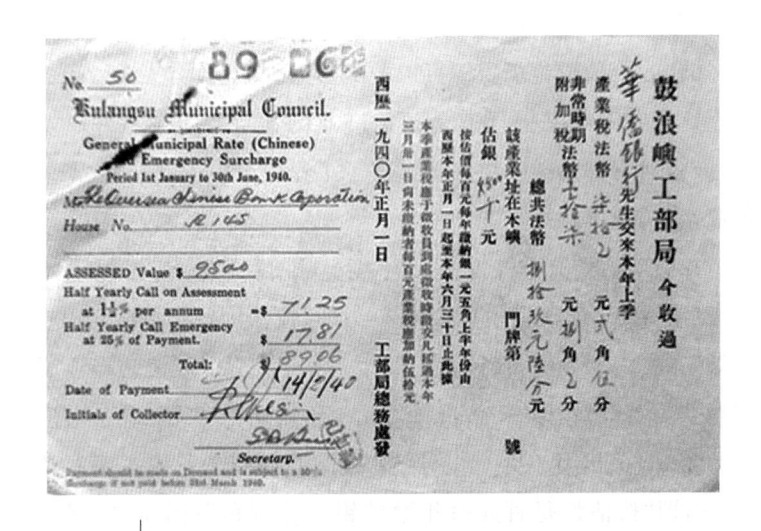

上　图 1-31　鼓浪屿工部局民国廿九年（1940 年）2 月征收华侨银行第一季度产业税收据(陈亚元藏品)

33

解读：

产业税即房产税，是鼓浪屿工部局最重要的财政收入。据工部局历年报告书提供的资料，从工部局成立的1903年至1939年，产业税收入占工部局财政总收入的60%上下，最少年份为58.15%（1939年），最高年份达76.8%（1938年）。图1-26至图1-31是20世纪30年代前后鼓浪屿工部局开具的6张产业税收据，显示出鼓浪屿产业税有以下几个特点：

一、以产业价值决定征税额。清代至民国初期将房产分为天、地、日、月、星五类分别征税，后改为按甲、乙、丙、丁、戊五级征税。显然，五级分类法无法适应房屋从占地面积到结构、装潢等方面的复杂状况。同是头等豪宅，观海别墅、海天堂构、菽庄花园就有极大的差别；同为末等的小屋，也有石头屋、砖瓦房、板寮的差别。产业价值则可准确针对任何一座房屋的具体情况。就规则设计而言，按产业价值设定征税额可以避免富人少缴税、穷人多缴税的弊端。这一方案的关键环节是相关产业的估价。为了做好产业估价，鼓浪屿工部局成立伊始就设立了工程股，后来径直改称产业估价股，专门负责屿内产业的估价。

二、产业税税率并非一成不变。图1-26显示，民国十八年（1929年）鼓浪屿产业税税率为1%，即"按估价每年每百元银壹元缴纳"；图1-28显示，民国廿七年（1938年）1月，鼓浪屿产业税税率调整为1.25%，即"按估价每百元每年缴纳银一元二角五分"；图1-29显示，民国廿八年（1939年）7月，鼓浪屿产业税税率调整为1.5%，即"按估价每百元每年缴纳银一元五角"；图1-30、图1-31显示，除了正税之外，民国廿九年（1940年）第一季度开征"非常时期附加税"，附加税税率为正税的25%。鼓浪屿工部局年度报告称：上调产业税税率以及开征非常时期附加税是为了应对民国廿六年（1937年）七七事变和日本侵占金门岛等"剧变"以及民国廿七年（1938年）5月厦门岛沦陷后难民大量涌入鼓浪屿的需要。

三、征收期限。图1-26、图1-27、图1-28显示，至民国廿七年（1938年），鼓浪屿工部局每年的产业税分上半年份和下半年份两期征收。所谓上半年份"系由西历本年正月一日起至本年六月三十日止"，下半年份"系由西历本年七月一日起至本年十二月三十一号（日）止"。图1-29、图1-30、图1-31显示，民国廿八年（1939年）7月之后，鼓浪屿工部局产业税已经改为按季征收。按季征收的收据是在原先分上、下半年两期征收的收据上，加印中文和英文的关于按季征收的说明。这足以证明此改变是为了应对财政开支的需要而临时做出。图1-29注明本季产业税的缴交不能"越过本年九月三十日"，故确定为第三季度的产业税收据。图1-30和图1-31均规定不能"越过本年三月三十一日"，故确定为第一季度的产业税收据。

四、关于币种的明确规定。图1-26注明缴纳租捐（即产业税）应使用"大银"即银圆，图1-28至图1-31均注明缴纳税款为"法币"，表现出作为中外混居的公共地界的管理者对于征收税款币种的敏锐性。与厦门岛当局开具的房产税收据比较，鼓浪屿工部局的收据显然更为规范。它不像图1-1、图1-2那样，票据的醒目之处刻上"遵照定例不准私索串钱"之类的警语，也不像图1-16、图1-17福建省财政厅印制的铺税正税单那样印上多条注意事项和警示，只是简洁地在收据上注明产业的估价、税率、征收期限以及逾期未缴纳者"每百元产业税加纳伍拾元"等内容，显示出工部局的公开、简洁、明快的管理风格。

请注意图 1-26。这张收据房捐金额栏的数字有涂改的痕迹，产业估银栏填写的中国传统记账商码也写错了，收据上更是没有主管官员和经办人员的印章，种种迹象表明：这是一张无效的收据。不知收藏家们以为如何？这张收据上的货币单位"元、角、仙"也值得一提。在民国十八年(1929年)，虽然还是以银两为通行货币，但在实际流通中，有银圆(又称大洋、大银)、银毫(又称小洋、银角，有 2 角、1 角、5 分)、铜圆(又称铜片、铜板、铜镭，有 10 文铜板、20 文铜板等)。理论上，大洋 1 元等于小洋 10 角，小洋 1 角等于 10 分或 10 片 10 文铜圆。旧时厦门话称 1 枚 10 文铜板为 1 仙或 1 占，即 1 分。称"分"为"仙"，现在只有很少人知道了。这一传统的厦门方言由外国人主持的鼓浪屿工部局印制的产业税票据保留下来，让人多少有点出乎意料。

1. 房产类票据

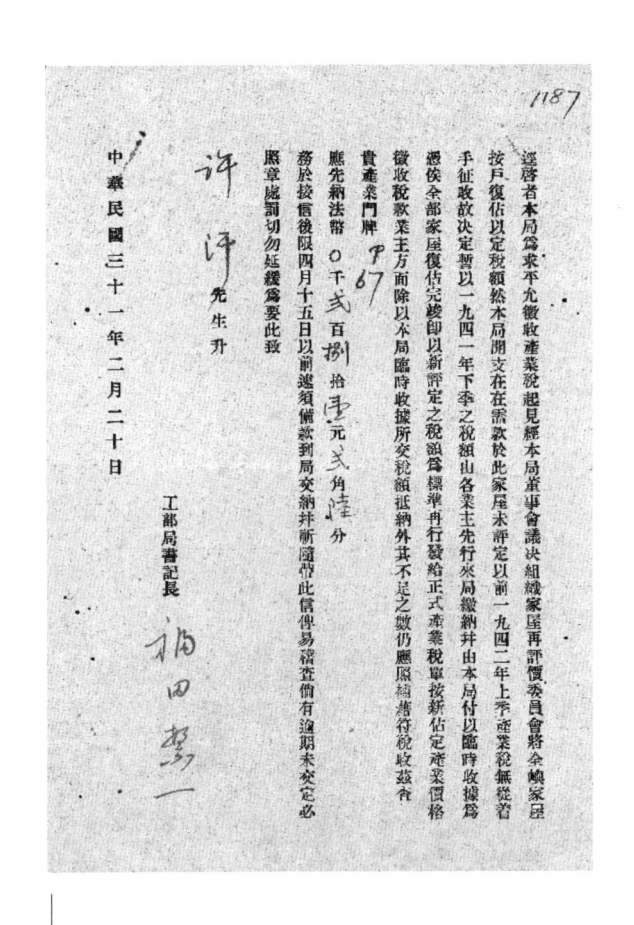

图 1-32 鼓浪屿工部局民国卅一年（1942年）2月重新评审不动产价值之前按旧标准预交产业税通知书
（白桦藏品）

解读：

实际上，图 1-32 并不是票据，而是一张通知书，但它揭示了许多同鼓浪屿票据有关的事。这张通知书颁发于民国卅一年（1942年）2月20日，此时，鼓浪屿的局势和鼓浪屿工部局已经发生了一场剧变：

民国卅年（1941年）12月7日，日本突袭珍珠港，太平洋战争爆发。12月8日，美、英对日本宣战；同日，日本占领鼓浪屿，逮捕屿内所有美、英居民，全面接管工部局。清道光二十三年（1843年），厦门正式辟为国际通商口岸以来鼓浪屿作为各国和平共处的中立态势被彻底颠覆。

此前，在工部局的日常文件包括产业税收据上签字的是工部局秘书兼总巡捕长巴世凯（G.R.Bass）（参见图1-27至图1-31）。巴世凯，英国人，在第一次世界大战中获得军功十字勋章，1918年到鼓浪屿，1923年被聘任为鼓浪屿工部局秘书兼总巡捕长助理，1927年转正职。1940年12月辞职。胡锡基（A.G.Olkhovsky）继任工部局秘书兼总巡捕长。

在这张通知书上，胡锡基的角色被日本人福田繁一取代。福田繁一，日本长崎县人，毕业于东亚同文书院，1928年任职于上海公共租界工部局，1939年调任鼓浪屿工部局警察部（又称警务部）副总监。

但福田繁一的身份不是秘书，而是书记长。在图1-32至图1-35中，都可以看到福田繁一以书记长的身份签名。这说明日本人控制下的鼓浪屿工部局机构设置有所变更，原先工部局秘书（亦称秘书长）的职位已经改为书记长，这是现行所有关于鼓浪屿工部局的史料所未曾注意到的。

1.房产类票据

上　图1-33　鼓浪屿工部局民国卅二年（1943年）2月征收本屿F47号上半年产业税收据(陈亚元藏品)

上　图1-34　鼓浪屿工部局民国卅二年（1943年）2月征收华侨银行L74号上半年产业税收据(陈亚元藏品)

解读：

图 1-33、图 1-34 值得注意之处在于使用了"新法币"这一币种。所谓"新法币"，即汪伪国民政府中央储备银行民国卅年（1941年）初发行的纸币，俗称"中储券"，因汪伪政权以"国民政府"自居，故自称其纸币为"法币"，而为了与国民党南京国民政府发行的法币区别开来，便自称"新法币"。从图 1-32 可以看出，民国卅一年（1942年）2月，日本控制的鼓浪屿工部局关于产业税的通知书中还是使用法币。5月26日，伪财政部宣布"中储券"为"法定货币"，禁止原国民党南京国民政府发行的法币流通。7月，厦门日本最高统治机关"兴亚院"发出通告：自7月10日起至7月23日止，凡持有法币的商人、市民都应向银行兑换"中储券"，法币2元兑换"中储券"1元。因此，图 1-33、图 1-34 两张民国卅二年（1943年）2月开具的收据均改用"新法币"。

图 1-33、图 1-34 还显示，日本控制下的鼓浪屿工部局改变了战前按季征收产业税的做法，恢复一年分上、下半年份征收的做法，此举有利于降低收税成本。同时，对于逾期未纳税的惩罚由原来的每百元加征 50 元提高为"加倍缴纳"。这从另一个角度说明因经济困难或抵触情绪抗拒、拖延缴纳产业税的现象有所增加，故不得不通过加大惩罚力度来扭转局势。

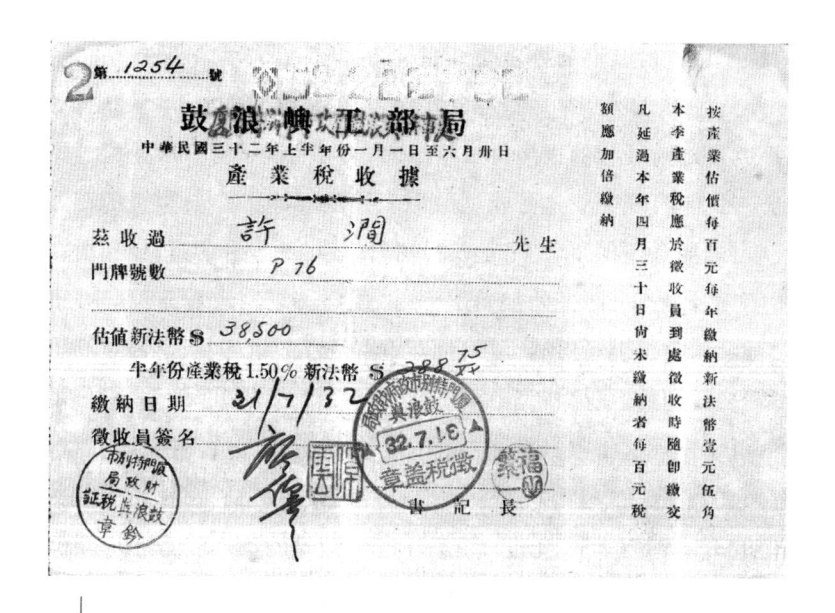

图 1-35　伪厦门特别市政府鼓浪屿办事处民国卅二年（1943 年）7 月征收本屿 P76 号上半年产业税收据（白桦藏品）

解读：

如果说，图 1-32、图 1-33、图 1-34 是日本全面控制鼓浪屿工部局的标志，图 1-35 则是鼓浪屿工部局彻底退出历史舞台的证明。

太平洋战争爆发之后，美国、英国和中国成为反法西斯同盟的盟友。之后，美国政府和英国政府先后与中国达成协议，取消《辛丑条约》及其附件给予英美两国的一切权利，将上海及厦门公共租界之行动与管理权交与中国政府。随后，法国政府也宣布放弃鼓浪屿公共地界行政权。民国卅二年（1943 年）3 月，汪伪政权宣布收回鼓浪屿行政权。5 月 26 日，在鼓浪屿举行"废除鼓浪屿公共地界工部局"和"鼓浪屿公共地界行政权移交"仪式，同时成立伪厦门特别市政府鼓浪屿办事处。

图 1-35 显示,为了筹备成立伪厦门特别市政府,本来应于 4 月 30 日之前征收的民国卅二年(1943 年)上半年份的产业税延迟到 7 月 31 日征收。这张收据的原底是鼓浪屿工部局印制的产业税收据,而且还保留着"书记长福田繁一"的头衔和印章,使用时在所印"鼓浪屿工部局"处加盖了一行"厦门特别市政府鼓浪屿办事处"红字,收据上还盖有"厦门特别市财政局鼓浪屿税证钤章"和可以转换日期的"厦门特别市政府财政局鼓浪屿征税盖章"。仔细观察,可以发现这张收据是张"错票"。由于工作人员转换日期时疏忽大意,收据上"厦门特别市政府财政局鼓浪屿征税盖章"中间的日期"32.7.31"(即民国卅二年 7 月 31 日)最后的两个数字印反且颠倒了。不知这个错误会不会让这张旧票据增值。

1.房产类票据

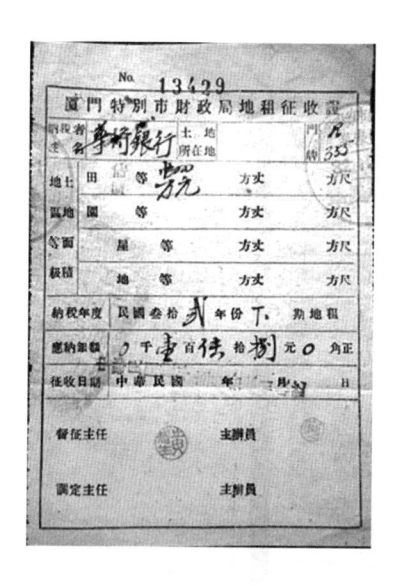

上 图1-36 伪厦门特别市财政局民国卅二年（1943年）华侨银行鼓浪屿R355号下期地租征收证(陈亚元藏品)

解读：

　　伪厦门特别市财政局的这张地租征收证实际上就是产业税收据。同样在鼓浪屿，同样是用于征收产业税，而且当年7月还将原鼓浪屿工部局的产业税收据作为替代品使用，但伪厦门特别市财政局的官员们在印制地租征收证时偏偏就不参考一下工部局的规范做法，而把税率这一最重要的数据隐瞒起来。图1-36中华侨银行这座门牌为R355号的房屋估价28000元，民国卅二年（1943年）下半年份纳税168元。照此计算，估价每年每百元纳税1元2角，即税率1.2%。据图1-35，民国卅二年（1943年）上半年的产业税税率还是每年每百元1元5角，即1.5%，下半年降为1.2%，业主的负担轻了吗？图1-37将会解答这个问题。

43

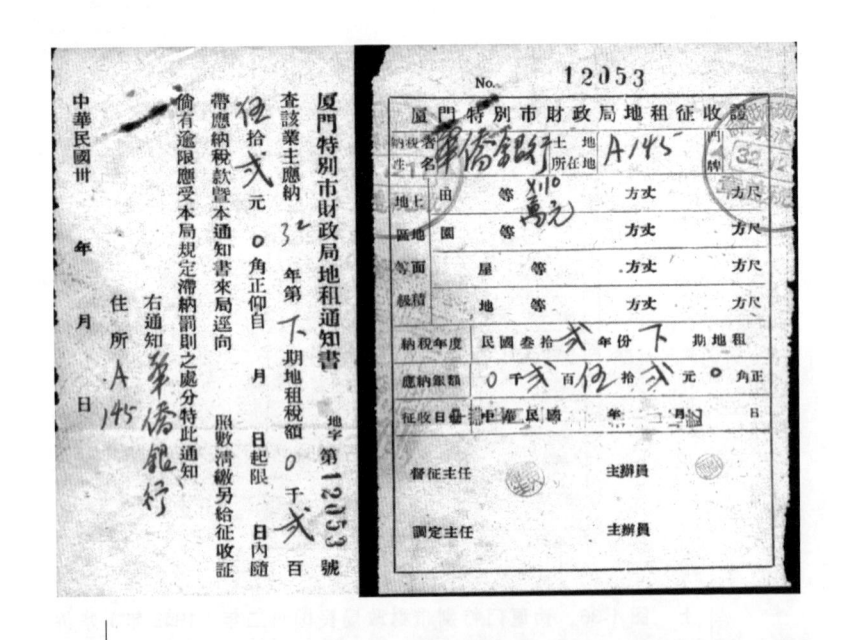

上　图 1-37　伪厦门特别市财政局民国卅二年（1943 年）12 月华侨银行鼓浪屿 A145 号下期地租征收证（陈亚元藏品）

解读：

图 1-37 与图 1-31 是华侨银行在鼓浪屿 A145 号房产的两张产业税收据，下面是这座房屋两个年份半年产业税的征收情况：

	民国廿九年（1940 年）上半年	民国卅二年（1943 年）下半年
估　价	法币 9500 元	"中储券"42000 元
纳税额	法币 71 元 2 角 5 分	"中储券"252 元
年税率	1.5%	1.2%

尽管产业税税率从 1.5% 降为 1.2%，但实际上业主的负担反而加重了。根据汪伪政府法币 2 元兑换"中储券"1 元的规定，则

鼓浪屿A145号房屋民国卅二年(1943年)下半年的估价是民国廿九年(1940年)上半年的8.8倍,纳税额则是民国廿九年(1940年)上半年的7.1倍,三年间产业估价和纳税额增长达到惊人的地步。

贰

警费类票据

2.1　警察捐票据

上　图 2-1　厦门特别市公安局"共和国三年"1月警察捐收据
　　（陈亚元藏品）

2. 警费类票据

解读：

厦门近代警察制度始创于清光绪三十二年(1906年)，时称兴泉永道巡警总局。

民国三年(1914年)改称警察厅。民国十三年(1924年)改称漳厦海军警备司令部厦门警察厅，民国十八年(1929年)1月改称公安局，仍归漳厦海军警备司令部。民国廿二年(1933年)8月改属思明市，称思明市公安局。同年11月发生"福建事变"，改称厦门特别市公安局。民国廿三年(1934年)1月，"福建事变"失败后改称厦门特种公安局。民国廿四年(1935年)4月改称厦门市公安局。民国廿六年(1937)7月改称厦门市警察局。

清末至民国期间，警察局经费从猪捐、清洁捐及地租附加抽取，统称警捐，民国廿四年(1935年)4月之前由警察局负责征收。

图2-1是厦门特别市公安局征收华侨银行夹舨寮42号住房的警察捐收据。收据显示，征收的是"共和国三年"1月的警察捐。"共和国"是"福建事变"中成立的"中华共和国人民革命政府"使用的年号。这个"中华共和国人民革命政府"存在的时间不到两个月，民国廿二年(1933年)11月为"共和国元年"，一个月之后的民国廿三年(1934年)便是"共和国贰年"了。"共和国贰年"1月还没有过完，"福建事变"便宣告失败。但厦门特别市公安局竟然征收了"共和国三年壹月份"的警察捐。图2-1显示得很清楚：收据上的"三年"字是在原先的蓝色字"贰年"的底子上加盖的；而且收据上华侨银行的过账图章也显示这笔警察捐的过账时间是"○○.○○.1934"（日期、月份不明）。由此可以确定，收据上所谓"共和国三年"是有猫腻的。该收据由厦门特别市公安局"总务科警费课"签发，征收人员是"杨仲启"，目前尚无法搞清楚这种行为究竟是机构寅吃卯粮、强取豪夺，还是个人利用职权、贪污舞弊。

上左　图 2-2　厦门市财政局警费征收所民国廿四年（1935 年）5 月征收第三市场 32 号警察捐收据(白桦藏品)

上右　图 2-3　厦门市财政局警费征收所民国廿四年（1935 年）7 月征收第三市场 8 号警察捐收据(白桦藏品)

解读：

　　民国廿四年（1935 年）4 月成立厦门市政府之后，厦门市公安局脱离漳厦海军警备司令部的管辖，归属厦门市政府。经费收支方面也改变了此前由公安局自收自支的做法，改由市财政局统收统支。图 2-2 为厦门市政府成立后第一个月即 5 月的警察捐收据。收据上印的开票单位是"警费征收所",但这个"警费征收所"的全称为"厦门市财政局警费征收所"(见图 2-2、图 2-3 上的正方形图章)。只是图 2-2 开始之处的文字为"厦门市公安局收到",实在与市财政局统收统支的做法相违背。图 2-3 为民国廿四年(1935 年)7 月的警察捐收据,开始之处已经改为"厦门市财政局收到"。虽然是细微的变化,但其中的进步是不言而喻的。图 2-2、图 2-3 显示,第三市场(在碧山路)的商铺每月缴纳警察捐 5 角 5 分,大约是一般市民住户的 2 倍(参见图 2-1)。

2.2　请愿警警饷票据

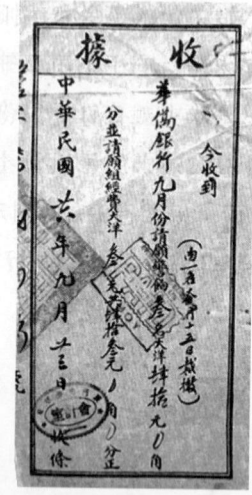

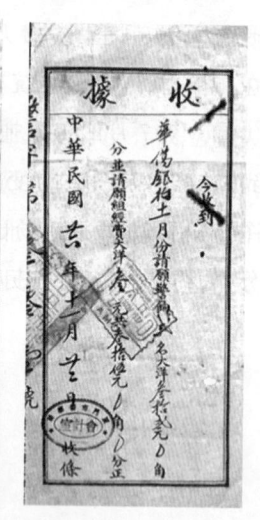

上左　图 2-4　厦门市公安局民国廿五年（1936 年）8 月收取请愿警警饷收据(陈亚元藏品)

上中　图 2-5　厦门市警察局民国廿六年（1937 年）9 月收取请愿警警饷收据(陈亚元藏品)

上右　图 2-6　厦门市警察局民国廿六年（1937 年）11 月收取请愿警警饷收据(陈亚元藏品)

解读：

图 2-4 至图 2-6 为厦门市公安局或警察局开具的请愿警警饷收据。

所谓请愿警是民国时期警察出警的一种特殊形式。依民国版《厦门市志》的说法，警察的主要职责是"靖阛阓（即街市），维风俗。

无事,辅首长施政;有事,随驻军平乱",其服务对象显然是社会大众。如果机关、团体、商民觉得有必要请警察长期协助维持秩序,则需向当地警察主管部门提出申请,为此特派的警察即为请愿警。请愿警的警饷以及驻守期间所需的一切费用均由请愿单位负责。

外派为请愿警的警察大部分为一般警察。三张收据显示,民国廿五年(1936年),一般警察每个月的警饷为15元,民国廿六年(1937年)增至16元。据《厦门指南》记载,20世纪30年代初厦门工人月薪从12元起至30多元,15、16元的月薪在当时属于低薪。

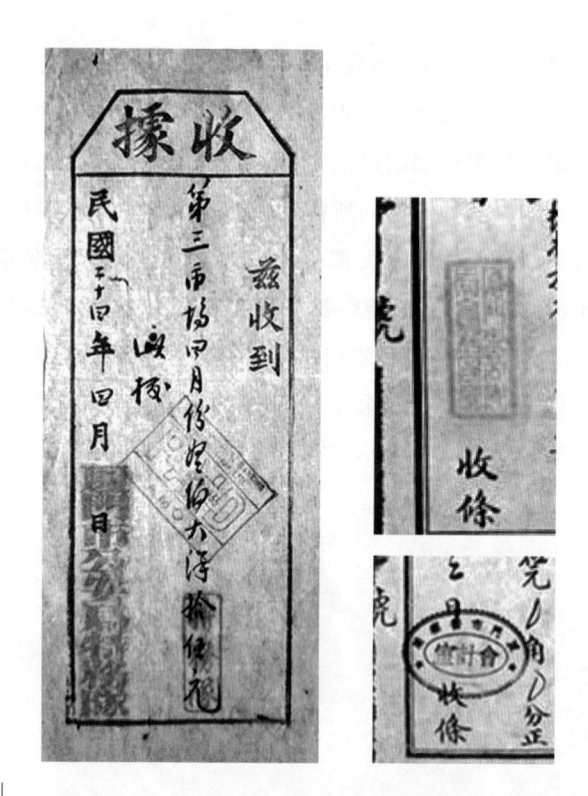

左　图 2-7　厦门市公安局特务队民国廿四年（1935 年）4 月收取当月第三市场警饷收据（陈亚元藏品）
右上　图 2-8　图 2-4 收据出具单位印章"厦门市公安局会计室"
右下　图 2-9　图 2-5 收据出具单位印章"厦门市警察局会计室"

解读：

　　图 2-7 是民国廿四年（1935 年）"第三市场四月份警饷大洋拾伍元"收据。由第三市场提供警饷 15 元，可见警方应该向第三市场派出 1 名驻卫警察。按照财务规定，公安局的警捐、请愿警警饷等收费，应该由市公安局统一收取，所以图 2-4、图 2-5、图 2-6 上的

收据出具单位均为"厦门市公安局/警察局会计室",3张收据的格式也基本相同,都印有"今收到　月份请愿警饷　名大洋　元　角　分并请愿组经费大洋　元共　元　角　分正　中华民国　年　月　日　收条"等内容。而图2-7收据所印的文字只有"兹收到民国　年　月　日",显得极不规范。开具这张收据的是"厦门市公安局特务队"。此处的"特务"并非现今一般人理解的"做秘密工作"的意思,而指的是公安局承担的巡查、侦缉之外的特别任务。显然,第三市场缴纳的"警饷拾伍元"并没有成为市公安局的收入,而是流入"厦门市公安局特务队"的小金库,甚至直接装进有关官员的腰包。

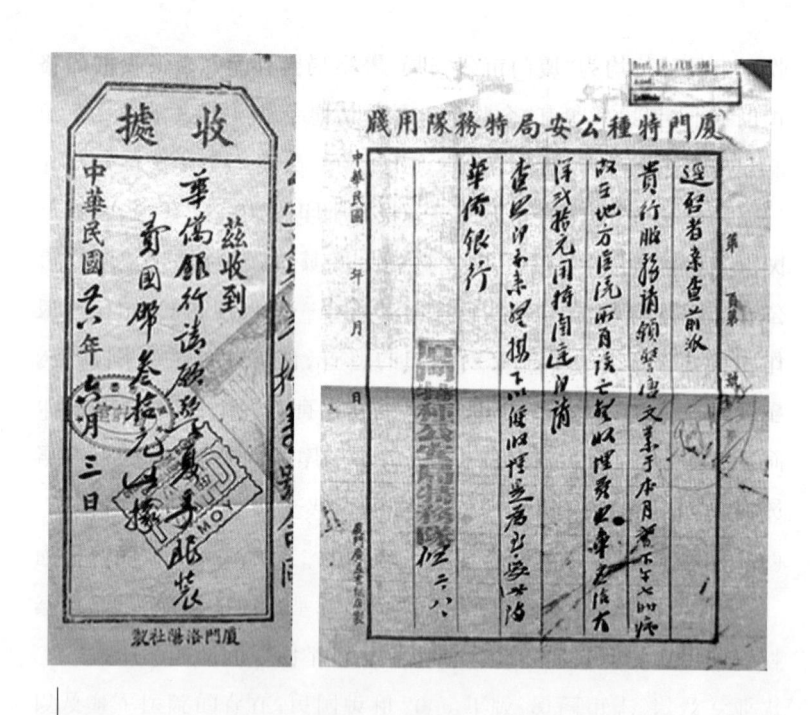

上左　图 2-10　厦门市警察局收取请愿警夏季服装费收据(陈亚元藏品)
上右　图 2-11　厦门特种公安局特务队致华侨银行便函(陈亚元藏品)

解读：

　　图 2-10 是民国廿六年(1937 年)6 月厦门市警察局开具的"兹收到华侨银行请愿警夏季服装费国币叁拾元"的收据。参照图 2-4 和图 2-5，可知华侨银行此时有 3 名驻卫请愿警，每名请愿警的夏季服装费为 10 元国币(即法币)。但通观图 2-4 至图 2-6 三张收据，开票时间在民国廿五年(1936 年)之后，都还在使用"大洋"的称呼，可见当时政府机关的法律意识相当薄弱。从另一个角度分析，可见法币发行初期其市场价值与大洋基本持平。

　　图 2-11 是厦门特种公安局特务队致华侨银行的一张便函，全

文如下:

　　径启者案:查前派/贵行服务请愿警唐文业于本月七日下午七时病/故在地方医院,所有该亡警收埋费照章应给大/洋贰拾元。用特函达。即请/查照即交来警携下,以便收埋。是为至妥。此致/华侨银行/厦门特种公安局启　二、八、

原件未标明年份。参见图1-14的解读,本函件的发函单位"厦门特种公安局"设置于民国廿三年(1934年)6月至民国廿四年(1935年)4月期间,由此可以判定,该函件写于民国廿四年(1935年)。

从图2-4到图2-11,不难发现,民国时期的请愿警制度虽然能使请愿单位增加安全感,但请愿单位除了负担警饷之外,还必须承担办公费、服装费甚至亡故警员的丧葬费,负担颇为不菲。

叁

其他捐、税、费票据

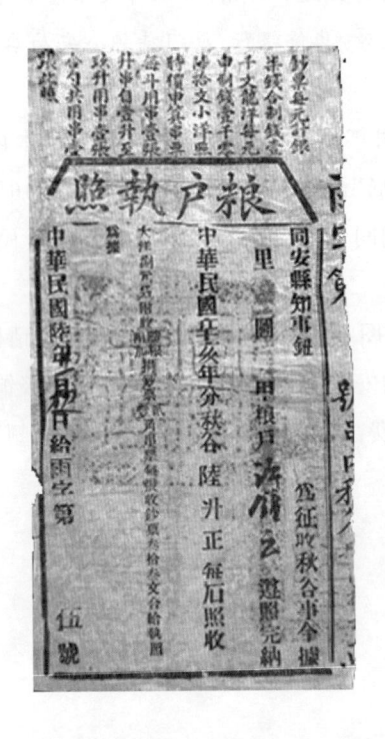

上 图 3-1 同安县民国六年（1917 年）11 月征收秋谷赋税收据
（陈亚元藏品）

解读：

图 3-1 是民国六年（1917 年）同安县县民缴纳粮赋的"粮户执照"。当时的厦门岛已经独设为思明县，但考虑到厦门与同安县的

历史渊源,破例将此件收入。

执照内文如下:

同安县知事钮　　为征收秋谷事:今据／　　里　　图甲粮户许钟云遵照完纳／中华民国辛亥年分秋谷陆升正,每石照收／大洋捌元,另附收随粮捐钞票贰角、附加(捐钞票)壹(角),串票每张收钞票叁拾叁文,合给执照／为据／中华民国陆年十一月初一日给雨字第伍号

执照上方所附说明文字为:

钞票每元计银柒钱,合制钱壹千文;龙洋每元申制钱壹仟零陆拾文;小洋照时价申算。串票每斗用串壹张,升串自壹升至玖升用串壹张,合、勺共用串壹张。此照。

执照中所说的串票、串就是本图所称的"粮户执照",也就是当今所称收据。清代收税使用制钱,一千枚制钱为一贯或一串,故开具的收据称串票,简称串。

执照显示,这位名为许钟云的粮户必须缴纳秋谷(又称秋米,即秋季征收的田赋)6升,但粮户缴纳的并不是实物,而是按照当时的米价折成银两计算。执照载明,当时1石(折合60公斤)大米折价大洋8元。除了正税之外,粮户每缴纳8元即1石秋米,还须加纳随粮捐2角、附加捐1角,因此,许钟云所纳6升秋米实际上必须缴纳大洋0.498元。

仔细观察,可以发现这张执照堪称"奇葩执照"。

奇葩之一：每张串票收开票费33文，为了多收开票费，竟然将收据依斗、升以及合、勺（升以下容积单位，一升十合，一合十勺）分为斗串、升串和合勺串3种。依此规定，假如粮户应该缴纳的田粮为1斗1升1合1勺，就必须开具"斗串""升串""合勺串"共计3张，这位钮知事也就多收了2张"串票"的开票费。奇葩之二：按照民国元年（1912年）的粮价，1石粮食价格为银圆即大洋4.5元，即便按民国六年（1917年）的粮价，1石粮食的价格也不会超过大洋5元，钮知事以粮食定田赋，收税时将粮食折算为大洋，1石高达8元，超出时价78%。当时的钞票基本与银圆同值，因为便于携带，信用好的甚至略高于银圆，钞票1元最少相当于银子7钱3分或制钱1600～1800文（视制钱质量而定），龙洋的价格与钞票的价格大致相近。钮知事却规定钞票1元只能兑换银子7钱或制钱1000文，龙洋1元只能兑换制钱1060文。身为一县"父母官"，搜刮民脂民膏简直达到肆无忌惮、穷凶极恶的地步。奇葩之三：中华民国成立于1912年1月1日，中华民国纪年以1912年为元年，该年为中国传统纪年法的壬子年。执照征收的是"中华民国辛亥年"的秋谷，而1912年后最近的辛亥年是1961年，此时中华民国早已终结，更不可能使用中华民国纪年。奇葩之四：执照开具的时间是"中华民国陆年十一月初一"，官员则是中华民国同安县的知事，征收的是6年前前清的田赋。

如此奇葩之事，貌似无法理解，但如果知道在这张执照上署名的"同安县知事钮"的底细，也就可以释然了。

这个"同安县知事钮"即民国六年（1917年）8月上任的钮承藩。钮承藩的贪婪无耻简直达到登峰造极的地步。据民国版《同安县志》记载，钮承藩为了搜刮民财，上任不久便勾结劣绅刁民，种

3.其他捐、税、费票据

植罂粟,同安禁绝多年的罂粟便是在钮承藩的任上死灰复燃。民国七年(1918年)开始的靖国军和驻城北洋军火并期间,钮承藩竟然将义仓的7000余大洋强索在手,弃城携款逃往厦门,转赴上海。为了搜刮钱财,钮承藩无所不用其极。辛亥年(清宣统三年,1911年)农历十月武昌起义爆发,十一月清帝宣告退位。由于局势动荡,这一年秋季的田赋未曾征收,被钮承藩盯住了。但民国的县知事征收前朝清代的田赋却于理无据,于是便将"辛亥年"划入"中华民国纪元",闹出一个大笑话。

上　图 3-2　福建第一师同马灌保护商船筹备处民国十三年
　　　　（1924 年）6 月发放保护商船执照（陈亚元藏品）

图 3-2 内文如下：

执照　福建第一师同马灌保护商船筹备处　为/发给执照事：照得自军兴发生以来，地方不靖而复杂。军队往往/擅自滥用船只，致碍交通而苦船户。本处长有鉴及此，特陈请上峰设局保护。凡尔船户一经纳捐之后，如有以上情事发生，本处/自应负责。兹查吕厝地方方朝东有渔船一条，系来/往同厦地方，应列为三等。特此发给执照为凭。而限其每/月到局换给新照。不得滥自借用，致干未便。凛之。须至执照

者/右给　方朝东/中华民国十三年六月十九日/正处长　李玉贵/副处长　庄体铭

解读：

图3-2是一张渔船的执照。其作用是表示本船已经"纳捐"，受征收捐费者的保护，其实就是一张"已交保护费"的证明。厦门沿海船只交保护费以求得海上航行安全的做法始于明代海盗郑芝龙，清道光《厦门志》载："时海盗蜂起，洋泊非郑氏令不行。上自吴淞，下至闽广，富民报水如故。岁入例金千万……"所谓"报水"，即缴纳"例金"，亦即海上通航保护费。民国时期，"郑氏令"变成"执照"，"报水""例金"变成"纳捐"，海盗也变成"福建第一师"。

执照规定，方朝东这艘船被定为三等船，必须每月到保商局换取一次执照，且不得将执照借给他人使用。

说起民国十三年（1924年）的"福建第一师"，即便是文史界人士一时也弄不清其来历。但这个师的师长张毅，知道的人应该不少。

张毅，河北沧县人，民国初随北洋军入闽，在李厚基军中历任排长、连长、营长；民国十一年（1922年）叛变，投靠东路讨贼军，在黄大伟军中任第十三旅旅长；民国十二年（1923年）随黄大伟投靠陈炯明，任闽粤边防军第一师师长；民国十三年（1924年）重新投靠北洋政府，任福建陆军第一师师长兼厦门镇守使。但当时的厦门岛已被海军控制，张毅主要控制漳州地区。张毅统治漳州期间，私设防务局，于正税外征收花捐、烟（鸦片）捐、赌捐、田亩（罂粟苗）捐、酒捐、香烛冥纸捐等，图3-2的保护商船捐也是他为搜刮民财巧立的名目之一。

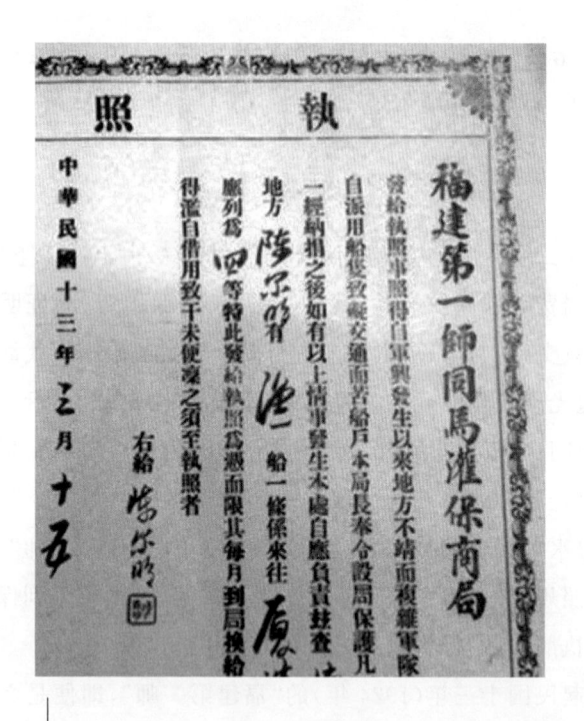

上　图 3-3　福建第一师同马灌保商局颁发的执照（陈亚元藏品）

解读：

　　图 3-3 为"福建第一师"民国十三年（1924 年）3 月颁发的另一张执照，其非填写部位的文字与图 3-2 完全一样，只是"福建第一师"征收保护费的单位是"同马灌保商局"。三个月之后，执照上的发证单位变成"同马灌保护商船筹备处"，如果再仔细看，还可以发现，图 3-2 执照上盖的印章是"同安县保商局钤记"。根据历史资料，张毅于民国十三年（1924 年）3 月 2 日被任命为福建陆军第一师师长，从此日至 6 月 19 日的 3 个月间，收取商船保护费的机构先后有同马灌保商局、同安县保商局、同马灌保护商船筹备处。图

3-2 的执照还开列了处长、副处长的姓名,图 3-3 连什么人收取的保护费都不知道,旧时军阀搜刮民财的随意、任性可见一斑。

两件执照都没有开列收取保护费的金额。这并不奇怪,不开列金额,正是为了方便大大小小的军阀予求予取、肆意搜刮。

张毅统治漳州期间,倒行逆施,为勒收税捐四出烧杀,还指使下属杀害国民党人林祖密。国民革命军北伐军入闽后,张毅兵败被捕,民国十六年(1927 年)1 月在汕头被枪决。他在鼓浪屿港仔后的"张上将公馆"被没收,充当鼓浪屿中山图书馆馆址。

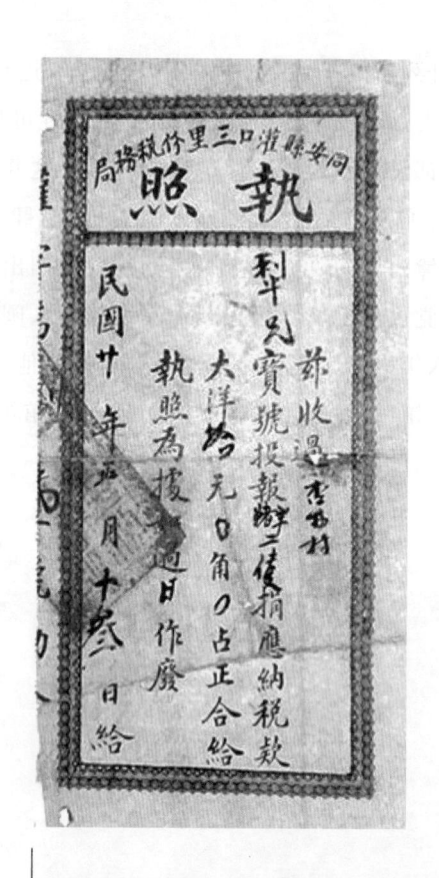

上　图3-4　同安县灌口三里份税务局民国廿年（1931年）1月征收宰杀猪羊税收据(陈亚元藏品)

解读：

在新、旧同安县地方典籍中，民国期间税务系由县财政局兼管，民国十七年（1928年）设税契局专理税务。图3-4显示，民国廿年（1931年）同安县曾在灌口设立税务局，故这件执照可以弥补方志记载的缺失。这个税务局设在灌口三里份，"三里份"这一地名如今已经湮灭。但需要设立税务局来管理税务，可见民国廿年

(1931年)前后灌口一定是相当重要的商贸中心。这件执照载明，杏林村的村民"犁兄"杀了一猪一羊，被征收税款大洋10元。按什么标准征收呢？执照上没有任何说明。民国初期，官府收税都是"官字两个口，收多收少乱张口"。民国廿五年（1936年）整顿税收，将正税、牲畜税、保安附加、教育附加、警察附加归为屠宰税，按大、中、小三级每头猪相应征4.5元、3.7元、2.8元。如果按照这个标准，一头猪即便按照大猪计征，也只有4.5元，而一头羊按照市场交易习惯只相当于一头猪的四分之一强，一猪一羊征收大洋10元显然是多征了。

这件税收执照的最后强调：执照只限于当天使用，"如过日作废"。显然是为了杜绝纳税人一票多次使用，可谓处心积虑，无所不至。

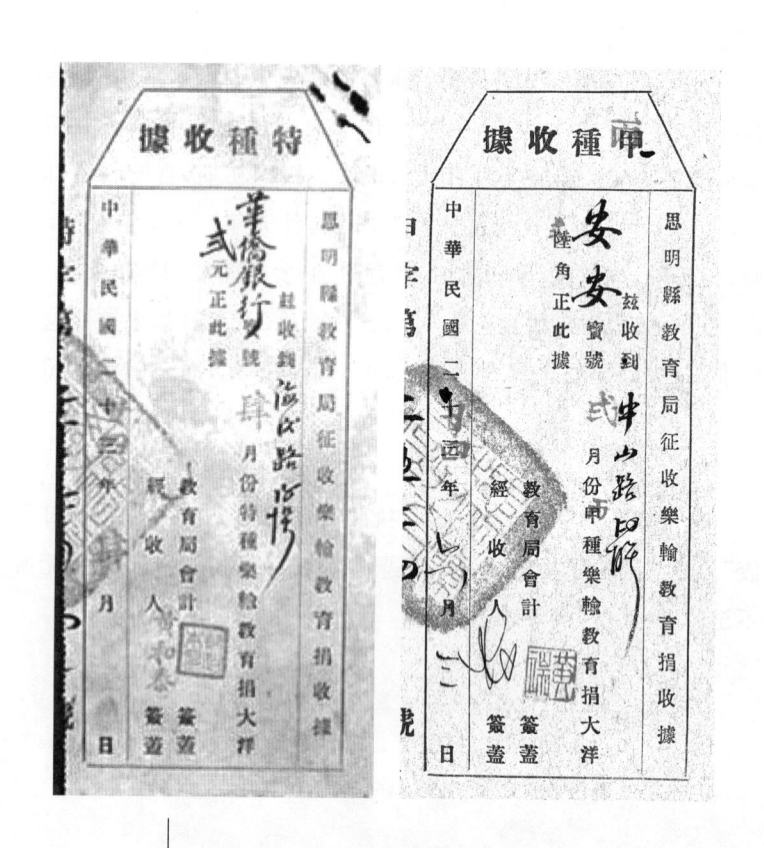

上左　图 3-5　思明县教育局民国廿三年（1934 年）4 月
　　　　　　征收乐输教育捐收据(陈亚元藏品)
上右　图 3-6　思明县教育局民国廿四年（1935 年）6 月
　　　　　　征收乐输教育捐收据(白桦藏品)

解读：

图 3-5 和图 3-6 都是思明县教育局征收乐输教育捐收据。民国时期，厦门（包括思明县时期）市立学校的经费都是靠征收教育附加捐的方式筹集的。除了前清遗留下来的玉紫教育捐，举凡杀猪卖鸭、卖木炭、卖杉木、卖建筑材料、卖水仙花、卖冥纸、举办宴

席、办理证照等，都有缴纳教育附加捐的义务，但由于商业不景气或商人因为负担重而不愿缴纳，教育捐的征收从来都是十分棘手的难题。因此，民国时期厦门的教育经费长期处于短缺状态。为此，教育部门想出了征收"乐输教育捐"的筹款方式。图3-5、图3-6显示，所谓"乐输教育捐"应该分为特种、甲种、乙种、丙种诸级别，按月征收，每月分别为大洋2元、6角、4角、2角。但既然是"乐输"，就得看有关商家乐意不乐意。图3-5是华侨银行纳捐的收据，华侨银行财大气粗，对教育等社会公益事业历来十分热心，因此，民国廿三年（1934年）4月就准时缴纳了当月的特种"乐输教育捐"2元大洋。而图3-6的"安安"商铺就没有像华侨银行那样爽快了。从图3-6可以看出，首先，这家商号原来是被定为每月缴纳6角的"甲种"商号，但因为某种原因，用红色印章改为每月缴纳2角的"丙等"商号，而且2月区区2角的"乐输教育捐"拖到6月才补交，补交时也没有把3、4、5、6月的份额一起补上，由此可见所谓"按月征收"实际上是一句空话。其次，这张收据是在民国廿三年（1934年）的收据上加盖红字"廿四"用做民国廿四年的收据的，可见民国廿三年的"乐输教育捐"的商号不像原先预计的那样多，因而当年的收据没能用完。但这张由民国廿三年收据改用的收据有个问题：开具这张收据时的民国廿四年（1935年）6月，厦门市已经成立2个月了，为了节省经费使用前思明县教育局印制的收据当然无可厚非，但应当通过加盖图章的方式将思明县改为厦门市才合理。最后，这张收据使用的还是"思明县教育局"的印章，这就使人不得其解了：厦门市已经成立两个月了，难道还没有启用新印章吗？

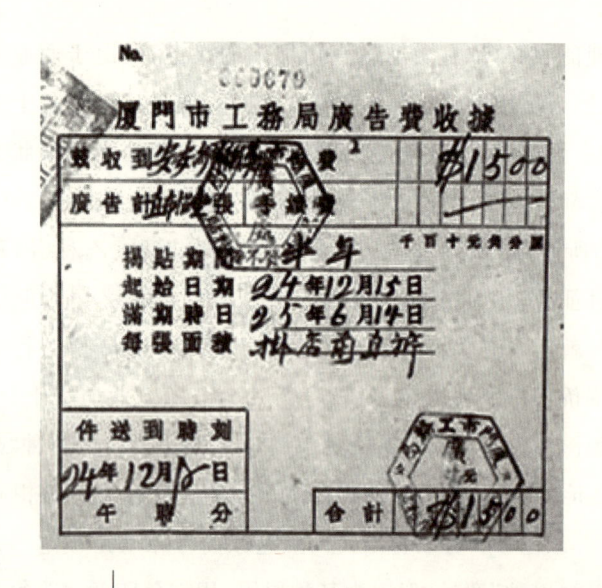

图 3-7 厦门市工务局布条招牌广告收费凭证
(白桦藏品)

解读：

　　老厦门人都知道，中山路与定安路中间有一家酒坊，门前树立一竹竿，竹竿顶上悬挂一面旗，旗上写着一个大大的"酒"字，天长日久，酒坊所处巷子因此得名大字酒巷。这是厦门最早的户外悬挂式广告。民国廿四年(1935年)，中山路一家名为"安安"的公司也在门前悬挂了一面直旗，店家却被告知只能悬挂半年，且必须为此缴纳广告费(见图3-7)。

　　厦门是国内最早实行户外广告管理的城市之一。民国十九年(1930年)夏，市公安局设立广告管理处，颁布了《广告条例》，由公安局和路政处对户外广告实施管理。户外广告分为公共、临时、特许3种。所谓公共广告指广告主管部门在适当地点建设的专供发

3.其他捐、税、费票据

布广告设施上的广告,临时广告指广告主管部门指定建筑物的外墙上的广告,特许广告指在私人建筑墙壁或屋顶上的广告。安安公司悬挂的这条直旗被定为特许广告中的"屋顶建设"丙等广告,半年应交广告费 1 元 5 角。图 3-7 中开具收据单位为工务局,是因为民国廿四年(1935 年)4 月正式成立厦门市时已经将前漳厦海军警备司令部管辖的路政处改为厦门市政府工务局。

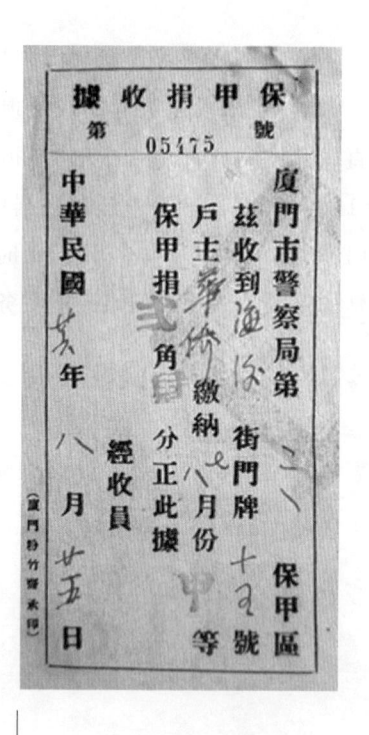

上　图3-8　厦门市警察局民国廿六年（1937年）8月保甲捐收据(陈亚元藏品)

解读：

民国廿六年（1937年），福建省针对各地捐税名目众多的乱状，将全省地方附加统一归并为15项，规定不得擅自增加。话音未落，厦门便于房铺宅地税之中增加了一项保甲捐。房铺宅地税系以座为单位按月征收，甲等1元、乙等5角、丙等2角、丁等1角、戊等5分，商铺加半征收。图3-8显示，海后街门牌15号这座房屋被定为甲等，7、8月共缴纳保甲捐2角4分，每月1角2分，为房铺宅地税的12%。

3. 其他捐、税、费票据

上左　图 3-9　和丰银行民国廿三年（1934 年）汇票正面
（陈亚元藏品）

上右　图 3-10　和丰银行民国廿三年（1934 年）汇票背面

解读：

图 3-9 是和丰银行吧城分行汇到厦门的一张支票。吧城即巴达维亚，今雅加达。汇票的收款人许维水身份不详，从汇票背面（图 3-10）的签章看，应该是厦门开元路一家商号的老板。这张汇

票之所以引起编者的兴趣并将其安排在"其他捐、税、费票据"这一栏目中而不是"金融"栏目中,也是因为汇票背面的缘故。这张汇票的背面贴有4张面额1分的印花税票。印花税征收对象是经济流通范围具有经济价值的凭证,这一税种始于清末,但真正征收却拖到民国期间。厦门广泛征收印花税大约在民国廿一年(1932年)以后,图1-13思明县政府民国廿年(1931年)12月颁发的"产业证明书"左上角印有"贴印花处"但却未贴印花税票,说明此时厦门尚未按照规定强制推行印花税。图3-9为民国廿三年(1934年)的汇票,说明此时印花税的征收已经相当普遍了。一般人都会注意到,这张汇票背面所贴的印花上,不仅按照要求加盖有取款人所在单位"泉源"商号的印章,而且在印花的两旁加盖了"抵制仇货""振兴国货"两行红字。时为民国廿三年(1934年),反日风潮正盛,所谓"仇货",即指日本货。连贴印花都要加盖特意制作的抵制日本货的印章,足见爱国热情十分高涨。但经仔细推敲,这张贴着加盖爱国标语印花的汇票竟然存在一大破绽:汇票的金额为大洋600元,按照南京国民政府颁布的《印花税法》,银行汇票"五百元以上未满一千元者贴印花一角",但这张600元的汇票只贴了4分的印花。难道"抵制仇货""振兴国货"两行爱国标语可以抵6分的印花税?那两行爱国标语应该不会是"泉源"商号盖上去的,而是政府税务征收部门的作为。作为政府的一个部门,真的爱国,就应该照章收税以增强国力;似这般只会唱高调的爱国热情,徒增笑料而已。《印花税法》规定,汇票一类的票据印花"贴不足数者处以一百元以下十元以上之罚金"。不知办理本汇票印花税的当事人是否受到惩罚?

这张汇票还有一个看点。其上印的是"和丰银行有限公司",

开票时间是民国廿三年(1934年),但和丰银行已于1932年与新加坡其他几家银行合并为华侨银行了,照例是不应该再有和丰银行名称出现的。果然,汇票上盖的印章"华侨银行有限公司"几个字赫然在目。显然,这家新加坡乃至亚洲赫赫有名的银行为了节省开支,将和丰银行的旧支票"废物利用",从中不难看到企业做大需从小处做起的道理。

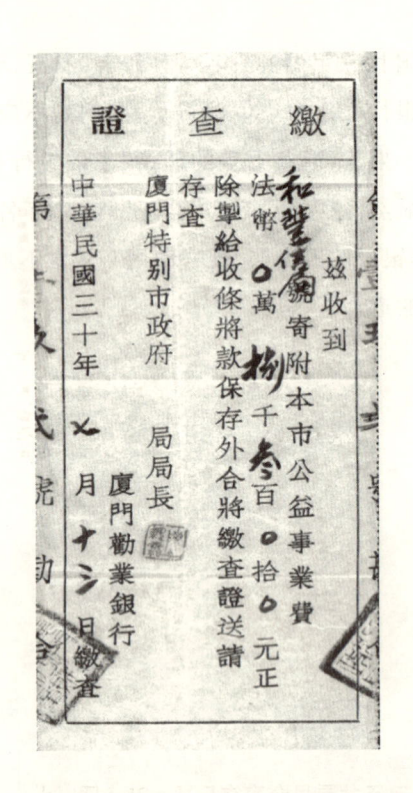

上　图 3-11　伪厦门特别市政府民国卅年（1941 年）7 月征收和丰信局"公益事业费"收据（陈亚元藏品）

解读：

图 3-11 为民国卅年（1941 年）伪厦门特别市政府收取"公益事业费"的缴查证。厦门沦陷期间，日伪当局巧立名目，征收各种苛捐杂税的行径早已广为人知，但征收"公益事业费"却是这张缴查证第一次披露的，这是图 3-11 的珍贵之处。

从这张缴查证上征收单位为"号"可以看出，"公益事业费"以经营性企业为征收对象。其上的"和丰信局"即厦门方言中经营侨

3. 其他捐、税、费票据

批的"批馆",侨批是通信和汇款合一的一种特殊的通联方式,清末至20世纪60年代盛行于东南亚华侨、华人与闽南侨眷之间。根据民国卅年(1941年)物价上涨的水平,8300元法币在当时也算得上是一笔巨款。收了这样的一笔巨款,出具的凭证不称"收据",而称"缴查证",意思是"已经缴款的商号要将此证妥善保存以供盘查",霸道、威胁的态度暴露无遗。

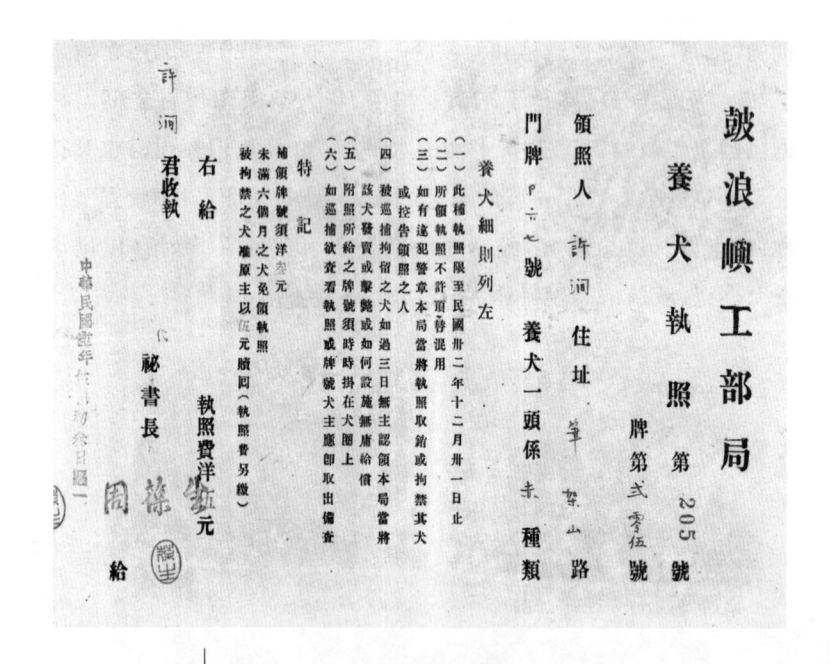

上　图 3-12　鼓浪屿民国卅二年（1943年）5月养犬执照
（白桦藏品）

解读：

1903年5月,鼓浪屿工部局成立之初就颁布一条律例:"本公界内所有畜狗之家,须于每年正月间到本局领给牌照,若无领牌之狗,肆行公路,一经巡捕触见,立即击毙。"40年之后的民国卅二年（1943年）3月,鼓浪屿公共地界已经被收回两个月了,这条律例仍在发生效力。这件养犬执照颁发于民国卅二年五月初三日星期一,即1943年5月3日。当时,鼓浪屿公共地界虽被汪伪政府宣布收回,但尚未设立新的管理机构,只是将鼓浪屿工部局的书记长改称秘书长,换成汪伪政权指派的周葆生（身世不详）,5月26日成立伪厦门特别市政府鼓浪屿办事处之前,鼓浪屿的管理机构仍旧是工部局。

　　这件养犬执照告诉我们,当年在鼓浪屿养狗是件相当麻烦的事:要一年申请一次执照和号牌;要随时应对巡捕查验执照和号牌;养犬不能违犯警章(没有明写,但大约是不能污秽环境、不能惊吓市民之类),否则会被取消执照,或拘禁所养之犬,或控告养犬之人等。此时,鼓浪屿通行日伪当局的"中储券",但执照上仍称"补办号牌需交洋3元",办理执照须交"执照费洋5元",大概是由于此时物价已经猛涨,以大洋计费相对稳定的缘故。

上左　图 3-13　第三区保甲事务所民国卅二年（1943 年）6 月保甲费收据(陈亚元藏品)

上右　图 3-14　第三区保甲事务所民国卅二年（1943 年）11 月保甲费收据(陈亚元藏品)

解读：

　　图 3-13 和图 3-14 是厦门沦陷期间伪厦门特别市第三区保甲事务所出具给洪朝焕的两张保甲费领收证，即保甲费收据。日伪当局曾计划将厦门岛划为中心区、禾山区、鼓浪屿区，实际上除了 1944 年 3 月将鼓浪屿办事处升格为鼓浪屿区区署之外，所谓中心区和禾山区并未成立。图 3-13 和图 3-14 的"第三区"系指原先厦门市区 3 个警区的第三警区，即海后街、镇邦街、寮仔后一带。洪朝焕时为华侨银行行长，华侨银行在海后街 15 号有一幢房产（参见图 3-5、图 3-8），民国廿六年（1937 年）7、8 月间每月收保甲捐 1 角 2 分。民国卅二年（1943 年）6 月，日伪当局将保甲捐改为保甲费，每月收"新币"即"中储券"3 元 5 角，按照 1 元"中储券"等于 2 元法币的兑换比例，月征收保甲费法币 7 元，等于民国廿六年（1937 年）的 58.3 倍。

3.其他捐、税、费票据

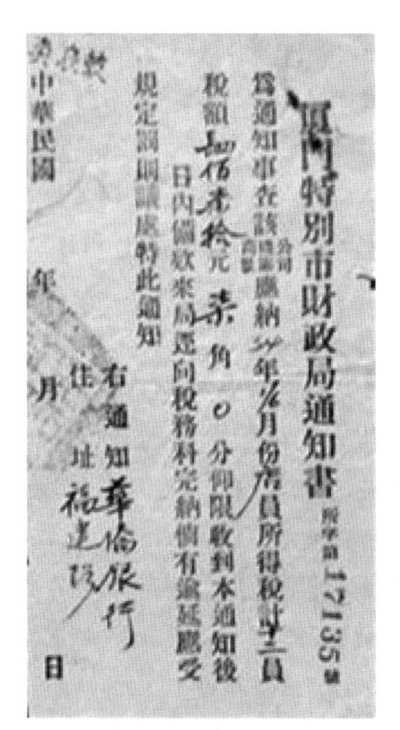

上左　图3-15　伪厦门特别市政府民国卅四年（1945年）1—6月征收华侨银行店员个人所得税通知书(陈亚元藏品)

上右　图3-16　伪厦门特别市政府民国卅四年（1945年）1—6月征收华侨银行店员个人所得税收据(陈亚元藏品)

解读：

图3-15和图3-16是厦门沦陷期间日伪当局沿用南京国民政府民国廿五年（1936年）颁布的《所得税暂行条例》征收薪给报酬所得税的实证。

图3-15的内文如下：

厦门特别市财政局通知书　所字第17135号/为通知事查该　公司/机关/商号　应纳　34　年　1/6　月份店员所得税计　十二　员/税额　肆佰柒拾　元　柒　角　0　分。仰限收到本通知后/　日内备款来局径向税务科完纳。倘有逾延,应受/规定罚则议处。特此通知/右通知　华侨银行　/住址　福建路/中华民国　年　月　日

图3-16为收据,华侨银行12个店员共缴纳民国卅四年(1945年)1—6月薪酬所得税470元7角,与图3-15通知书所载相符。

据《厦门市志》(2005年版)所载,薪给报酬所得税是南京国民政府民国廿五年(1936年)开征的所得税之一,征收对象是公务人员、自由职业者及其他各业人员的薪给报酬所得,实行十级超额累进制,每月平均收入自30元至60元者,每10元课税5分,依次累进,最高一级每月平均所得超过800元时,每超过100元,其超过额每10元增加2角,至每10元课税2元为最高限度。但每月所得不及30元及军警和官佐因公伤亡的恤金、小学教职员的薪给、残疾劳工和无力生活者的抚恤金、养老金、赡养费等,可以免税。民国卅二年(1943年)修改税率,每月所得满100元至1500元者,每10元课税1角;每月所得超过1500元的随所得额的增加,逐渐提高税率,以超过额每10元课税3元为最高限度。

据调查,当时银行职员的薪酬从一般办事员到经理(分行行长)的月薪在1500元以下,适用每10元课税1角的标准。据此计算,当时华侨银行12名职员月人均工资约为650元。

〖肆〗

社 会 捐 款 票 据

旧时厦门一家企业的负担有多重?这基本上是一个难以找到确凿答案的问题。民国期间的企业,尤其是能盈利的企业,简直就是人人都想咬一口的"唐僧肉"。大多数情况下,被索要的金额都不是很大,但令人感到可怕的是:你永远都想象不到会有哪些预想不到的机构打着哪些预想不到的旗号向你伸手要钱。

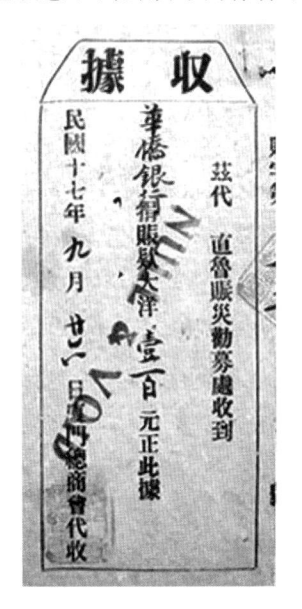

上 图 4-1 华侨银行民国十七年(1928年)9月交厦门总商会代直鲁赈灾劝募处赈灾款收据
(陈亚元藏品)

解读:

图 4-1 为华侨银行厦门分行的赈灾捐款收据。收据中的直鲁指直隶(今河北)、山东。民国十六年(1927年),直隶发生数十年罕见的大水灾,山东则相继发生水灾、旱灾、蝗灾。国民政府为救济这两个省的灾荒,于民国十七年(1928年)3月成立了直鲁赈灾委员会,并在一些省份成立直鲁赈灾劝募处。厦门没有成立赈灾劝募处,但厦门总商会承担了代收赈灾捐款的工作。华侨银行捐款大洋100元,在当时堪称一笔巨款。河北、山东与厦门相距千里,华侨银行厦门分行慨然出手,足见中华民族民心之淳、风俗之厚所来有自。

4. 社会捐款票据

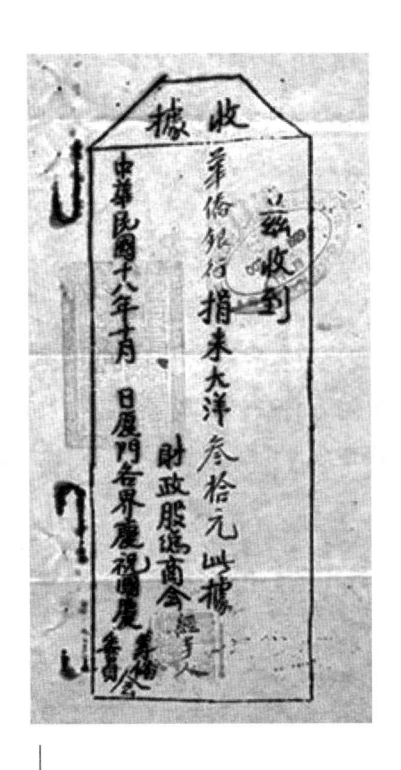

上 图4-2 华侨银行民国十八年（1929年）10月庆祝国庆大会捐款收据(陈亚元藏品)

解读：

图 4-2 这张收据在格式方面就暴露出一些问题。依照当时竖写格式的习惯，收据的后两行"财政股总商会经手人中华民国十八年十月　日厦各界庆祝国庆筹备委员会"，简直是令人莫名其妙。但仔细一推敲，还是不难洞悉其中的奥妙。这张收据是用蜡纸刻制的，收款单位人原先定为"厦门各界庆祝国庆筹备委员会"，蜡纸刻完之后，大概是发现其显然是个临时机构的名称，不像是可以向社会各界摊派款项的机构，于是便决定加个"财政股"，以使摊派行

83

为显得稍微像模像样些。按照正常格式,"财政股"应该写在"筹备委员会"的左边或下方的,但收据框内左边和下方都没有空隙了,只得将"财政股"三个字安排到"筹备委员会"的右边。随后,又发现一个新的问题:既然"筹备委员会"不具备摊派款项的资格,其所属的"财政股"当然也没有资格。大概是参与筹备庆祝大会的人员中有厦门总商会的人,而总商会向公司、商号派款则是历来有之、名正言顺,于是,又在"财政股"之后加了个"总商会"。但问题又来了:收款单位有"筹备委员会财政股",又有"总商会",到底是谁收的呢?于是又决定在总商会之后再加个"经手人"。至此,这张收据的出具人落款便成为"财政股总商会经手人中华民国十八年十月　日厦门各界庆祝国庆筹备委员会",不知这种难得一见的怪异会不会使这张收据的身价增涨?它也是目前发现的厦门最早的为政治活动捐款的收据。大概是第一次,华侨银行也不知该如何应对,一下子捐了大洋 30 元,出手还是相当阔绰的。

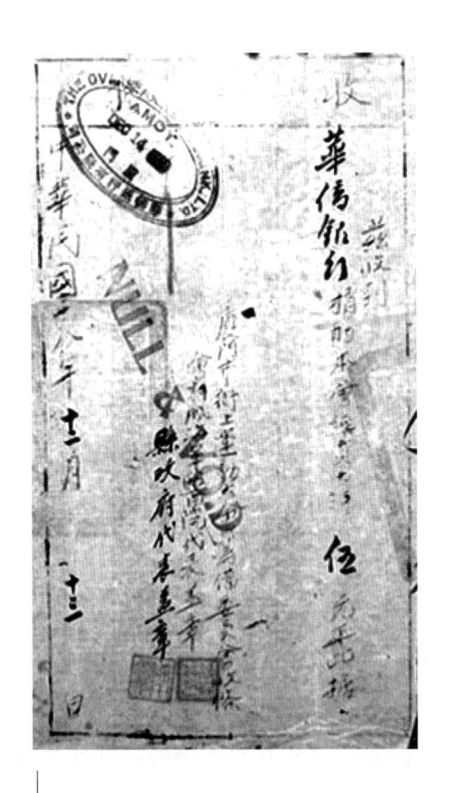

图 4-3 华侨银行民国十八年（1929年）12月厦门市卫生运动大会捐款收据(陈亚元藏品)

解读：

民国十七年(1928年)，南京国民政府内政部颁发《污物扫除条例》及实施细则，规定每年5月15日及12月15日为全国"卫生运动"大扫除日。当年12月15日厦门举行第一届卫生运动大会，除了动员全市机关、商号、公司及各家各户举行大扫除之外，还在建设中的中山公园空地上焚烧吗啡、鸦片和鸦片烟具。图4-3为民国十八年(1929年)12月15日举行的卫生运动大会筹备委员会为举办活动募款的收据。

与图 4-2 相比较,这张收据就显得正规得多。落款为"厦门市卫生运动大会筹备委员会收条",会务股则由"海军医院代表"和"县政府代表"组成,并在收据上盖章以示负责。

必须注意的是:民国十七年(1928年)的"厦门市"并非行政区划上的市,仅指思明县管辖之下的厦门岛西南部的商业区。海军医院则指漳厦海军警备司令部所属的军队医院,其作为厦门市卫生运动大会的代表,说明漳厦海军警备司令部对于这项工作的重视,同时也说明当时驻厦海军深度介入厦门地方政府的工作。

当时的厦门港被视为肮脏港口,与德国等欧洲港口的整洁形成强烈的对比。杨树庄、林国赓等驻厦海军将领均有留学欧洲的经历,两者的反差应该是驻厦海军介入厦门卫生运动的动力。

关于民国期间厦门举行卫生运动大会以促进环境卫生的资料以及海军医院的存在,民国版和 2005 年版《厦门市志》以及专业志《卫生志》中均未记载。这张其貌不扬的收据成为两件重要事实的实证,堪称弥足珍贵。

4. 社会捐款票据

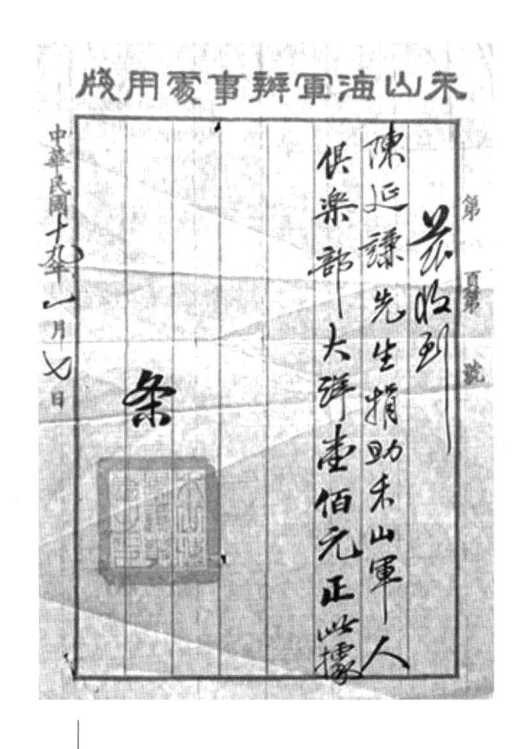

图4-4 禾山海军办事处民国十九年（1930年）1月收到陈延谦捐款收据（陈亚元藏品）

解读：

民国十九年（1930年）的禾山是个地片名，是"嘉禾屿山场"的缩略语。厦门岛西南部旧城区厦门大学以东，美仁宫、溪岸路、深田路一线以北，旧时都属禾山范围。禾山海军办事处是漳厦海军警备司令部民国十五年（1926年）与堤工办事处同时成立的专管市政建设的机构，当时驻扎在后江埭。禾山军人俱乐部是禾山海军办事处的下属机构。向禾山军人俱乐部捐大洋100元的陈延谦则非等闲之辈。

87

陈延谦(1881—1943),字逊南,又字益吾,同安莲花镇澳溪村人,时任华侨银行总行总司理。18岁时随长辈下南洋,从小本生意做起,后经营土产进出口贸易、橡胶园、橡胶厂,成为著名的实业家。民国八年(1919年)与林文庆、殷雪村等人创办新加坡华侨银行,民国十四年(1925年)到厦门开设分行。他所担任过的重要职务有中国同盟会新加坡分会会长、新加坡同安会馆主席、同安救济会发起会长、南侨总会常务委员、同(同安)美(集美)车路公司董事长、南京国民政府财政部顾问、南京国民政府交通部名誉顾问等,在新加坡任道南、爱国、侨中等多所华文学校董事长、董事和中华总商会董事。他在家乡创办澳溪小学,修筑云埔至澳溪公路,还捐款赞助英华书院等学校。《厦门市志》(2004年版)和《同安县志》(2000年版)均收有他的传记。这样的名人难怪一出手便是大洋100元。

4.社会捐款票据

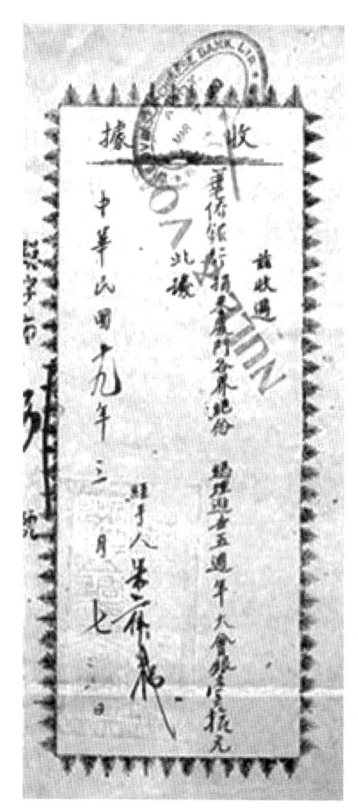

上左 图4-5 华侨银行民国十九年（1930年）3月纪念总理逝世五周年大会捐款收据(陈亚元藏品)

上右 图4-6 华侨银行民国十九年（1930年）3月纪念黄花岗七十二烈士十九周年大会捐款收据(陈亚元藏品)

解读：

图4-5和图4-6又是两张冠以"厦门各界"的名义派款的收据。图4-5派款的名义是召开"纪念总理逝世五周年大会"。"总理"指孙中山，源于孙中山与黄兴等人清光绪三十一年（1905年）

在日本东京创建中国同盟会,孙中山被推为总理。民国十四年(1925年)3月12日,孙中山因患肝癌在北京逝世。五年后,"厦门各界"召开纪念大会,华侨银行为此捐款大洋10元。

图4-6纪念的对象更为久远,是黄花岗七十二烈士。黄花岗七十二烈士是指清宣统三年三月二十九日(1911年4月27日)参加广州起义牺牲后葬于广州市东北郊黄花岗(原名红花岗)的革命党人(后查实广州起义中牺牲的烈士有百余名,其中查实姓名的86人)。华侨银行为了纪念烈士,也捐出大洋10元。

为民族英勇捐躯的先烈无疑是值得缅怀和纪念的,但是否缅怀和纪念就得开大会,就得从别人的腰包里掏钱?两张收据并没有标注发起、组织召开纪念大会的机关或社会团体;仔细观察,两张收据上的"经手人"是"朱上伟"和"朱伟",名字相近,不免令人疑为同一人,难道"厦门各界"召开的大会就没有别的人可用?中国传统的纪念活动重五、重十,而纪念黄花岗七十二烈士偏偏来了个"十九周年",不知是什么意思。因此,尽管有足够的政治理由,但这两张标价"大银壹拾元"的收据仍令人疑窦丛生。

4. 社会捐款票据

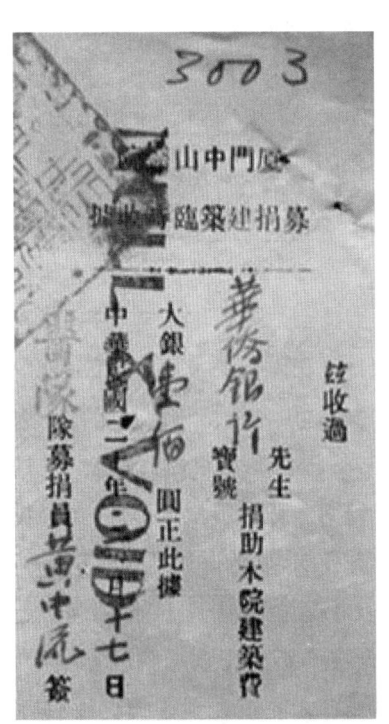

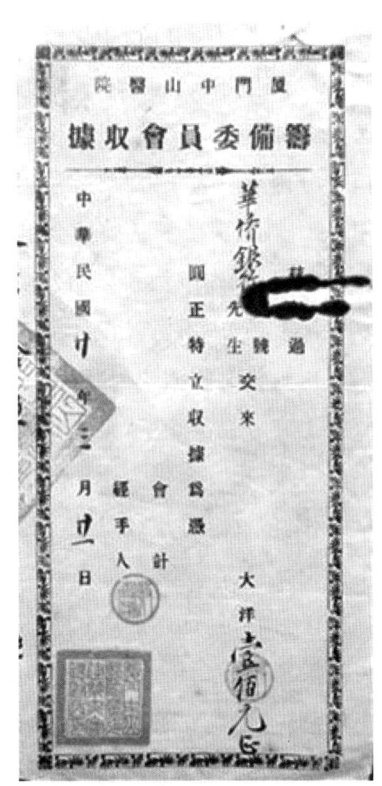

|上左　图4-7　中山医院民国廿年（1931年）3月募捐临时收据
（陈亚元藏品）
|上右　图4-8　中山医院民国廿年（1931年）3月募捐正式收据
（陈亚元藏品）

解读：

图4-7和图4-8是创办中山医院募捐的两张收据。收据两张，但表现的是华侨银行捐给厦门中山医院的同一笔捐款。厦门中山医院创办于民国十七年（1928年），堪称正逢其时，但又生不

逢时。所谓正逢其时,指医院创办时正值厦门第一次市政建设蓬勃开展,创办医院迎合了建设现代城市的需求;所谓生不逢时,指医院靠募集民间捐款建设,但当时大量资金投在市政建设方面,募捐十分困难。为了筹集建院资金,医院筹备委员会想了很多办法。图4-8显示,医院筹备委员会组织了"医队"等募捐队,制定了募捐队、募捐员工作条例和奖励办法,广泛开展募捐活动。为了保证捐款不出差错,中山医院设计了一套严密的制度,每一笔捐款先由募捐员出具临时收据,交到医院筹备委员会后再换取正式收据,临时收据上有募捐员签字,正式收据上有医院筹备委员会公章、会计经手人签章,捐款金额上还加盖经手人私章,以示慎重。尽管做了大量工作,但资金募集还是很不理想,募捐活动结束时,厦门本地的零散捐款只有6万元,加上林文庆到南洋募集捐款7万元,黄奕住独捐1万元,远远不能应付办院所需开支,以致医院开业日期一拖再拖。民国廿二年(1933年)8月15日医院正式开业时,因为资金不能到位,医院建筑、医疗设施和人员均不能完整配备,广受社会各界非议。当时,著名侨商胡文虎、胡文豹正在捐建厦门平民医院,经时任思明市政筹备处处长许友超建议,将平民医院并入中山医院。民国廿三年(1934年)10月,胡氏兄弟捐款8万元到位,中山医院终于摆脱资金困扰,步入正轨。

上　图4-9　华侨银行民国廿四年（1935年）2月灾区冬期急赈委员会捐款临时收据(陈亚元藏品)

解读：

认真辨认，可以发现这张收据不同于一般的赈灾收据。它由"中国国民党中央执行委员会财务委员会印发"，是民国时期为数不多的由执政的国民党最高机关印发的收据。收据中部的印鉴则是"中国国民党福建省代表大会筹备专员办事处印"。这个为成立中国国民党福建省党部而设立的"筹备专员办事处"是民国廿三年

(1934年)3月由国民党中央执行委员会特派专员成立的,这应该是该办事处能弄到国民党中央执行委员会财务委员会收据的原因。这个办事处成立不久便因为发生"福建事变"中断活动。"福建事变"被镇压后又开始活动。按道理,这个办事处的职责就是筹备召开"中国国民党福建省代表大会",但不知为什么,其心思不放在筹备会议上,却弄了些中央执行委员会财务委员会的收据来收取赈灾捐款。而且时至早春二月,才来办理"冬期急赈",似乎令人难以理解。收据下方注明"此联交捐款人保存以便换领正式收据"。实际情况是:这张临时收据并没有换领"正式收据",而是由捐款的华侨银行直接做账且保留至今,不知筹备专员办事处的官员们是如何报账的?看来,中国国民党的官僚们在北伐成功、统治全国没有几年就开始玩猫腻了。顺便交代,这个特派专员筹备的"中国国民党福建省代表大会"始终没有开成,民国廿六年(1937年)3月,中国国民党福建省代表大会筹备专员办事处被撤销,4月直接成立中国国民党福建省党部。

4. 社会捐款票据

上　图4-10　华侨银行民国廿五年（1936年）捐助省会普济堂残疾收容所捐款收据(陈亚元藏品)

解读：

图4-10为省会即福州"改建普济堂（清代就设立的收容老病孤寡的慈善机构）残疾收容所"的募捐收据。福州为社会慈善事业募捐，在厦门的华侨银行为此付出国币（即法币）10元，民国廿五年（1936年）5月的国币基本上与银圆等值，10元算是很给面子的捐款了，不知其中有何因缘。收据上的印章也有看点。依常理，此

类募捐应该由政府的民政部门或慈善机构出面,以博得社会各界信任。但这张收据上的印章却是"改建省会普济堂残疾收容所监制印"(后三字因字迹模糊存疑),难道设立一个项目、刻上一个印章就可以到社会上募捐?

4.社会捐款票据

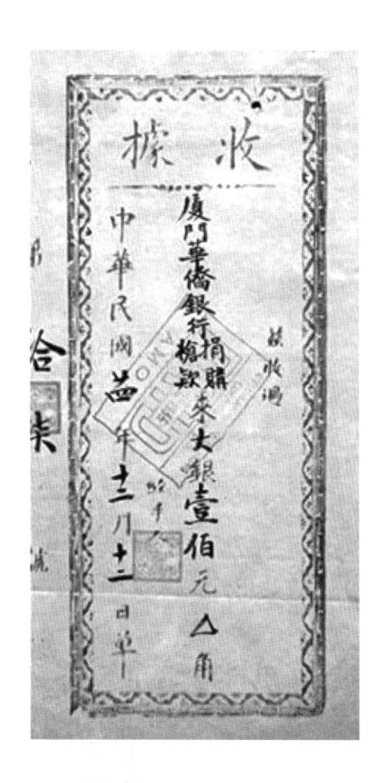

上　图4-11　华侨银行民国廿四年（1935年）12月捐购枪款收据
（陈亚元藏品）

解读：

这是一张简化到极致的收据。不必开列收款单位、收款目的，径直写上"收过　银"几元几角，便可以随时填写、随时使用了。制作、填写这张收据的是民国廿四年（1935年）的厦门市公安局某某科室（印鉴不清）。收据上填写的"兹收过华侨银行捐购枪款来大银壹佰元"，甚至连语法通不通都可以不加考虑。这种"简化"体现了摊派敛财的随意性，其背后则是权力的随意性。

上　图 4-12　民国廿五年（1936 年）12 月壮丁干部训练班募捐收据(陈亚元藏品)

解读：

图 4-12 是厦门市社会军事训练总队部收取"壮丁干部训练班"捐助款的收据。民国廿五年（1936 年）12 月的"社会军事训练"，应该是针对闽南地区中共领导的闽西南抗日讨蒋军、闽中游击队、闽北独立师、闽东独立师等武装。细看这张收据，第几保、第几甲、第几户都印在收据上，看来是统一摊派式的"捐助"。但这位

姓胡的经手人的工作质量明显存在问题:捐助户主一栏填写成"华侨",究竟是哪一位华侨,或者是哪一家华侨商号呢?捐款金额填写则把"拾"字与"洋"字重合,"元"字之后则留下一段空白,恍惚一看,所捐不是"拾伍"元,而是"伍元"。捐款收据填写得如此马虎,军事训练的质量恐怕也好不到哪里去吧。

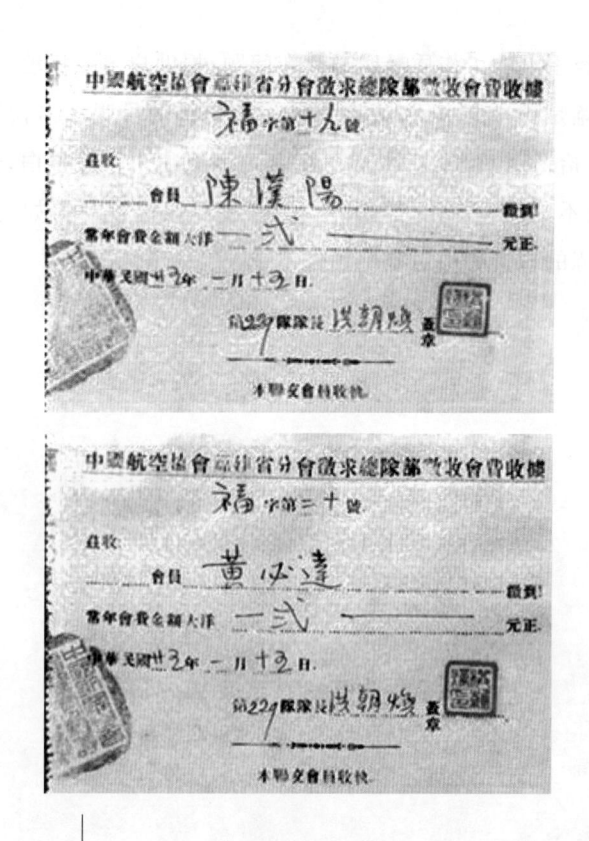

上 图 4-13 中国航空协会陈汉阳会费收据（陈亚元藏品）
下 图 4-14 中国航空协会黄必达会费收据（陈亚元藏品）

解读：

　　20世纪30年代初，孙中山提出"航空救国"的思想。民国廿二年（1933年）在上海成立航空救国会，后改为中国航空协会，并在福建省等地设立分会，吸收会员。图4-13和图4-14便是该协会福建分会在厦门的会员缴纳会费的收据。

　　除了吸收会员、征收会费，中国航空协会福建省分会在厦门好像没有其他活动,但厦门的航空活动此前曾热闹过一阵。

民国十七年(1928年)春,华侨吴记霍、吴福奇、薛煜添和林珠光等人组织的航空委员会在五通店里(今金山街道五通社区店里自然村)创办五通民用航空学校。拥有德国、美国制造的双翼教练机5架以及法国造单翼教练机和单翼水上飞机各1架,航校机场跑道长只有240余米,飞机起落时须借用市区至五通的公路,要在该路段设置横栏,以保人畜安全。民国十九年(1930年)春,五通航校并入广东航空学校。

民国十八年(1929)6月,海军部令在厦门筹建航空处,以陈文麟任处长兼飞行教练官。机场设在曾厝垵,有教练机4架。民国廿二年(1933年)2月,海军上海航空处移厦门,厦门航空处撤销,人员并入上海航空处,拥有教练机、侦察机、轰炸机3个中队17架飞机。民国廿七年(1938)2月裁撤。

图 4-15 华侨银行民国廿五年（1936年）红十字会赞助款收据(陈亚元藏品)

解读：

图 4-15 堪称最为奇葩的一张收据。其一，第一行称，募捐的目的是"筹集教育基金"，但这"教育"却跟一般的教育不一样，是"医员救护训练班"，而且这训练班不是长期、固定的，只是"第一期"，用途则是"设施教育基金经费等用项"，简直就是"语焉不详"。其二，这项捐款的经收负责人竟然是"中国红十字会丰台分会理事"，也就是说，厦门的华侨银行竟然要为北京郊外的丰台红十字分会举办训练班付钱。按说，华侨银行可以将这收据弃之废纸篓，但可能是考虑到敢于开出这样的收据收钱的肯定背后有人，不宜硬碰，掏了一元钱了事。

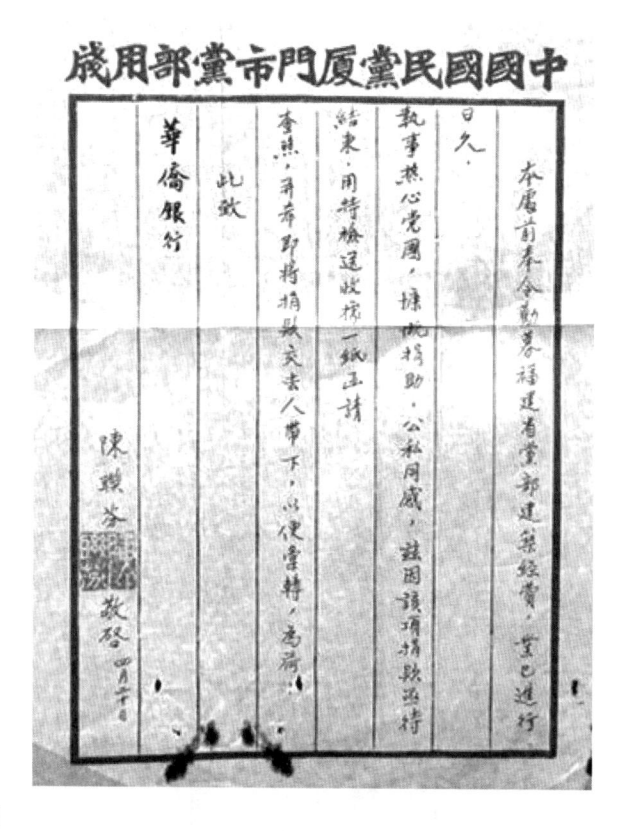

图 4-16　中国国民党厦门市党部陈联芬民国廿六年（1937年）4月致华侨银行捐款便函(陈亚元藏品)

图 4-16 内文如下：

本处前奉令劝募福建省党部建筑经费,业已进行/日久。/执事热心党团,慷慨捐助,公私同感,兹因该项捐款亟待/结束,用特拣送收据一纸,函请/查照,并希即将捐款交去人带下,以便汇转,为荷。/此致/华侨银行/陈联芬（印章）敬

启四月二十日

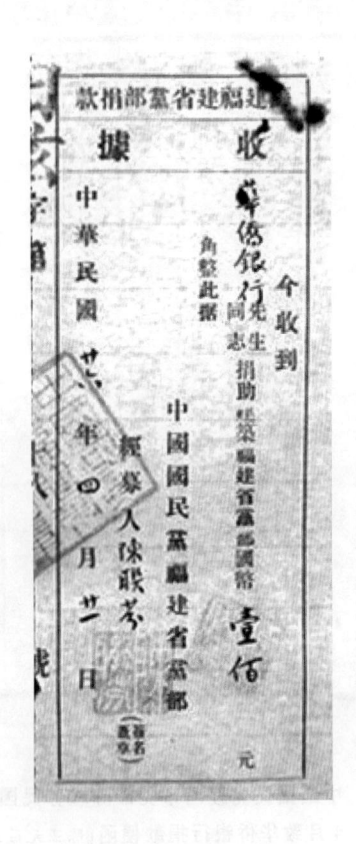

图 4-17 华侨银行民国廿六年（1937年）4月捐建国民党福建省党部收据（陈亚元藏品）

解读：

图 4-16 和图 4-17 原件系由时任中国国民党厦门市党部党务特派员（后改称书记长）陈联芬为劝募福建省党部办公场所建筑经费派人同时送到华侨银行厦门分行。因为与行长洪朝焕素来相识

(参见图4-1),所以尽管是上峰交办的公事,自己又身居厦门市党部要职,陈联芬还是显得十分客气,没有仗势行事的气焰,亲笔写了便函。解释说是"奉令劝募"而且"进行日久";随后便给洪朝焕戴上"热心党团,慷慨捐助,公私同感"的高帽以笼络感情;所募金额100元在当时不是一笔小钱,也把自己的干系撇得干干净净的,说是上峰所定,自己只是把早已写定的收据"拣送"出来,派人送达。客气归客气,捐款是少不得也拖不得的,便函中强调要"将捐款即交去人带下",客气之中还是带着些许居高临下的优势,一点也不含糊。便函书写十分认真,没有一字潦草,没有一处涂改,行文简明扼要,贴合身份,看来这位陈联芬确实有些才干。图4-17则是捐款的正式收据。平心而论,在本书所收录的票据中,图4-17是最为规整的捐款收据。字迹清晰,募捐发起单位、募捐目的、经募人交代得清清楚楚,填写的部分书写工整且加盖印章,以示负责。

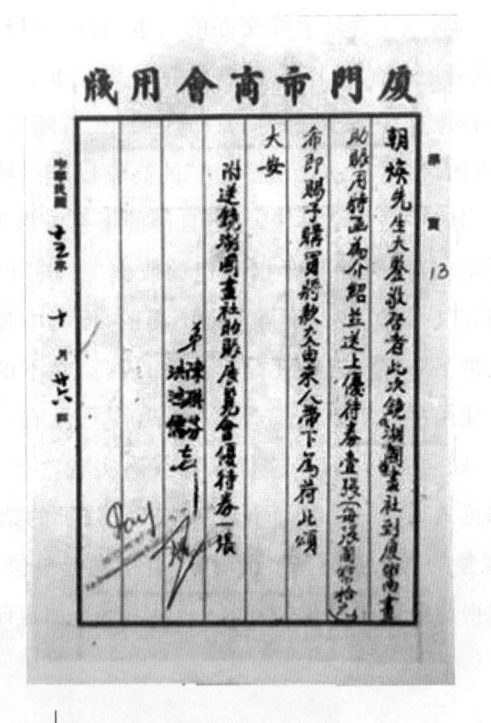

图 4-18 厦门市商会民国廿五年（1936年）10月举办画展邀请函（白桦藏品）

图 4-18 内文如下：

朝焕先生大鉴：敬启者 此次镜湖国画社到厦鬻画／助赈，用特函为介绍，并送上优待券壹张（每张国币拾元），／希即赐予购买，将款交由来人带下为荷。此颂／大安／附送镜湖国画社助赈展览会优待券一张／弟陈联芬／洪鸿儒志／中华民国廿五年十月廿六日

4. 社会捐款票据

解读：

民国廿五年（1936年）10月，浙江山阴（今绍兴市）人、著名海派国画家沈华山以镜湖国画社的名义到厦门举办展览（参见厦门市图书馆馆藏旧报刊资料丛书《厦门文化艺术资料选编（1909—1949）》第139页）。此时，社会上摊派捐款的手法可以说已经达到出神入化的地步。表面看，这是一份客气的邀请函，开头是"先生大鉴"，落款则谦称"弟"。语气也十分委婉：介绍一家来厦门卖画助赈的国画社，恭请前往参观，还送上"优待券"——够客气的吧？不过这优待券一张要国币10元，钱还得当场"叫来人带下"。事情明摆着：应不应邀随你，钱可是少不得的。这件便函的收受人"朝焕"即洪朝焕，时任新加坡华侨银行厦门分行行长。开具这张邀请函式摊派单的是陈联芬和洪鸿儒。陈时任国民党福建省党务指导委员会训练部长、厦门市党部特派员，后官至中国国民党六届中央执行委员会委员；洪鸿儒即洪晓春，历任厦门总商会会长、副会长等职，可以说是厦门商界的头面人物之一，中山公园晓春桥即以其名字命名。这俩人经历过多少世面，这种邀请函替代摊派单的事对他们而言只不过是小菜一碟。不过，卖画助赈为社会慈善事业，不管不顾、任其自生自灭毕竟是不妥的。商会诸君想出赠送有价"优待券"的办法，对于活跃展览会现场气氛、筹措赈款还是极有好处的。

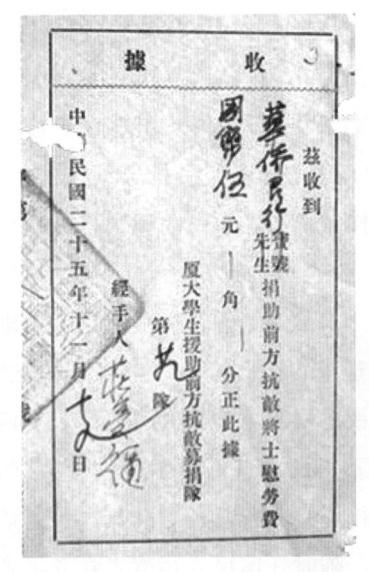

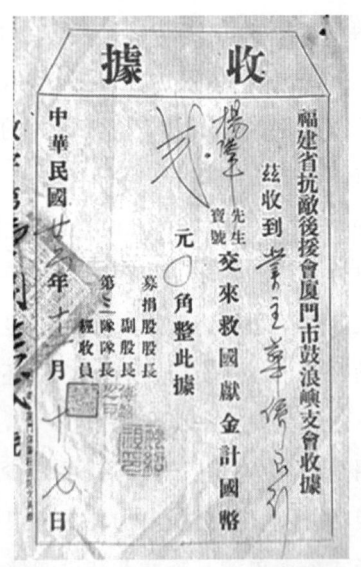

上左　图4-19　民国廿五年（1936年）11月前方抗敌将士慰劳费收据(陈亚元藏品)

上右　图4-20　民国廿六年（1937年）11月福建省抗敌后援会鼓浪屿支会爱国献金收据(陈亚元藏品)

解读：

尽管南京国民政府民国廿六年(1937年)8月14日才发表《自卫抗战声明书》，但实际上，中国人民反抗日本军国主义侵略的斗争在七七事变之前就已经开始，即便是远在中国大陆东南海隅的厦门岛也不例外。图4-19"厦大学生援助前方抗敌募捐队"于民国廿五年(1936年)11月出具的华侨银行厦门分行"捐助前方抗敌将士慰劳费国币伍元"就是明证。厦门学生从民国廿年(1931年)九一八事变后就奋起开展游行、请愿、抵制日货等反日爱国行动。中共厦门中心市委和共青团厦门市委也于当年10月联合发布《为

4.社会捐款票据

武装起来赶走日本帝国主义告群众书》。

民国廿六年(1937年)7月28日,福建省抗敌后援会厦门分会成立,国民党厦门市党部书记长陈联芬任主任委员,鼓浪屿则成立抗敌后援会支会。

依照工部局维持鼓浪屿公共地界中立情势的一贯立场,鼓浪屿人必须遵守"所做何事或若何举动及表示,致使甲国人民触怒乙国人民者,本局均当防止之"的规定。但当侵略者的铁蹄踏进中国领土时,怎么可能奢望鼓浪屿的中国人维持中立情势呢?图4-20是民国廿六年(1937年)11月福建省抗敌后援会厦门市鼓浪屿支会募捐队出具的华侨银行职员杨先生贰元救国献金的收据。从九一八事变开始,鼓浪屿人就组织了抗日会、抗日救国会、义勇队等组织,开展反对日本侵略的宣传、抗议活动。七七事变后,除了成立福建省抗敌后援会厦门市鼓浪屿支会,还成立鼓浪屿青年抗敌后援会、基督教团体国难救济联合会、鼓浪屿青年抗敌服务团大众救亡剧社、七七剧社、鼓浪屿妇女界抗敌征募队等组织,开展抗日宣传、发动捐款捐物、募制寒衣、劝募救国公债、慰问抗日军人、安置难民等活动。

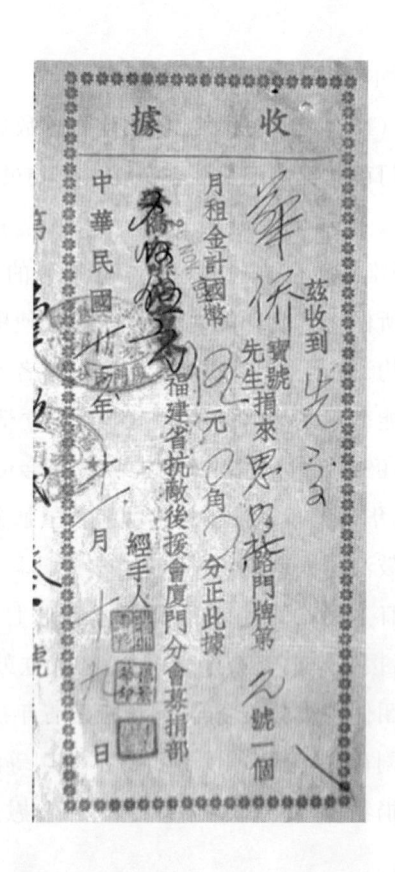

上　图 4-21　民国廿六年（1937 年）11 月福建省抗敌后援会厦门分会募捐收据(陈亚元藏品)

解读：

图 4-21 又是一张说不清的募捐收据。捐款人捐出位于思明北路 2 号房产一个月的租金国币 5 元，但同图 4-12 一样，募捐经手人用无法确认身份的"华侨"来代替捐款人的商号或姓名。更为离奇的是，收据上加盖了一行"华侨咖啡店书东"的红字，红字上又覆盖着黑色的"又收伍元"4 个字，不仔细看还真看不清。这红印、

黑字是什么意思呢？是不是表示"华侨咖啡店"又捐出爱国献金5元？这个"华侨咖啡店"与捐款人"华侨"是不是同一个人呢？难道单独开具两张收据就那么难吗？从收据上的印鉴可以知道，这笔募捐的经手人有3人之多，难道3人中没有一个人知道这种做法是不规范的吗？

图 4-22 民国卅一年（1942年）2月鼓浪屿善后委员会捐款收据(陈亚元藏品)

解读：

民国廿七年（1938年）厦门岛沦陷之后的十余天内，大量难民涌入鼓浪屿，面积不到两平方千米的弹丸小岛人口暴涨至十余万人。为了安置难民，保障岛民正常的生活，鼓浪屿工部局联合岛上各界人士，成立了鼓浪屿各界联合救济会（后改为鼓浪屿国际救济会），设立难民收容所安置难民。民国卅年（1941年）12月太平洋战争爆发后，日本拘禁岛上的英、美等交战国人士，解散鼓浪屿国际救济会和难民收容所。当时，岛上尚有难民万人左右。为了遣散难民，日伪当局成立了"鼓浪屿善后委员会"，所需经费靠社会各界"捐献"。当时的鼓浪屿还可以使用法币,图4-22显示,华侨银行这笔"捐款"高达3万元,是迄今为止华侨银行在所有捐款中最大的一笔。这笔捐款是否出于自愿是很值得怀疑的。但从华侨银行的角度来看,不用说3万元,只要这个机构开口,再多也得捐。鼓浪屿善后委员会来头之大,从图中"常务委员"名单可见一斑。7个常务委员中,有新加坡侨商林炯轩、黄奕住的儿子黄钦书、伪鼓浪屿商会理事长黄水生、原太古洋行的高级职员邱世定、伪鼓浪屿第四区(黄家渡一带)联保主任苏清岁和白振声(身份不详),这些人应该是被强拉来凑数的;常委中最主要的是林顶立。

林顶立,又名林一平,日本名林介之助,祖籍福建诏安,出生于台湾云林县,早年就读于鼓浪屿英华书院,后赴日本留学,毕业后进入台湾总督府警视厅,1931年便成为日本特高课的高级特务。1939年,作为日本驻厦门最高负责人泽重信的助手派驻厦门。华侨银行捐款的民国卅一年(1942年)2月,泽重信刚刚被爱国志士击毙,林顶立实际上成为日本特务在厦门的最高领导人,由他牵头发起"募捐",可以说是予求予取了。其实,在此之前,林顶立已经与重庆国民政府的特务机构军事统计局挂上关系,成为一名深藏在日本特务机构中的"双面间谍",为抗日战争的最终胜利做出了重大贡献。当然,这是后话,与华侨银行的这张捐款收据没有什么关系。

邱世定即邱十二,系金门人、清浙江提督邱良功的后人。其祖父邱联恩官至总兵,与捻军作战时屡立功勋,48岁时战死沙场,谥号武烈。邱联恩的长房、二房承袭父业,三房改行从商。邱世定为三房所出,毕业于同文书院,在太古洋行任高级职员。因为在邱联恩的孙辈中排行十二,故人称邱十二,所谓因有12个小妾或12个丫鬟得绰号邱十二乃讹传。

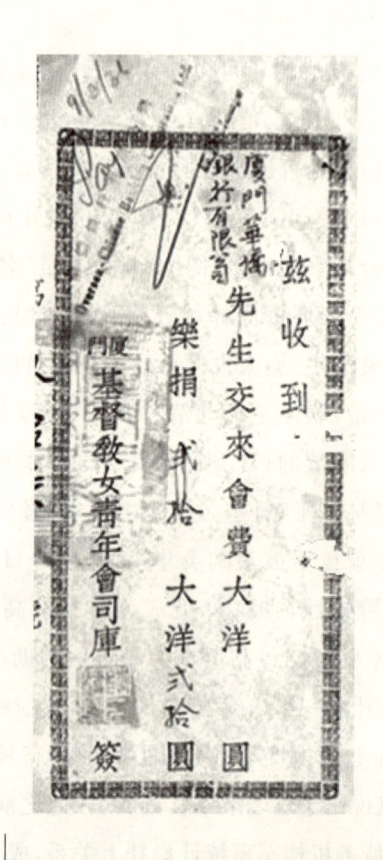

上　图 4-23　华侨银行民国卅六年（1947 年）4 月缴纳基督教女青年会乐捐收据(陈亚元藏品)

解读：

　　华侨银行捐助纯粹的社会团体厦门基督教女青年会，不是压力之下的上百元、上万元，也不是碍于情面、应付了事的 3 元、5 元，而是大洋 20 元。这真如图 4-23 所显示的，是一种"乐捐"。为何乐于捐助女青年会？这要从这个团体的沿革说起。厦门基督教女青年会从民国十八年（1929 年）开始筹备，民国廿二年（1933 年）

正式成立。女青年会以"尔识真理,真理释尔"为会训,设有人格建造、识字运动、家庭教育、正当娱乐4个部。先后开办烹饪、女红、家庭研究、饮食卫生、模范主妇、良妇伴侣、儿童教育等培训班;识字运动部举办千字课、尺牍、算术、常识、英文等识字班;正当娱乐部定期开展歌咏、钢琴和口琴演奏、参观、野餐、歌剧表演等活动;每星期五下午开展"儿童体格检查"服务。民国廿七年(1938年),厦门沦陷,女青年会停止活动。抗日战争胜利后恢复活动,开办刺绣班、缝纫班、烹饪班等,还举办讲座、郊游、文艺演出,在青年中有较大的积极影响。华侨银行捐助这样的社会团体,也展现了银行的社会责任感。

上左　图 4-24　民国廿六年（1937年）8月银行联欢社个人经常费收据(陈亚元藏品)

上右　图 4-25　民国廿六年（1937年）8月银行联欢社团体经常费收据(陈亚元藏品)

4.社会捐款票据

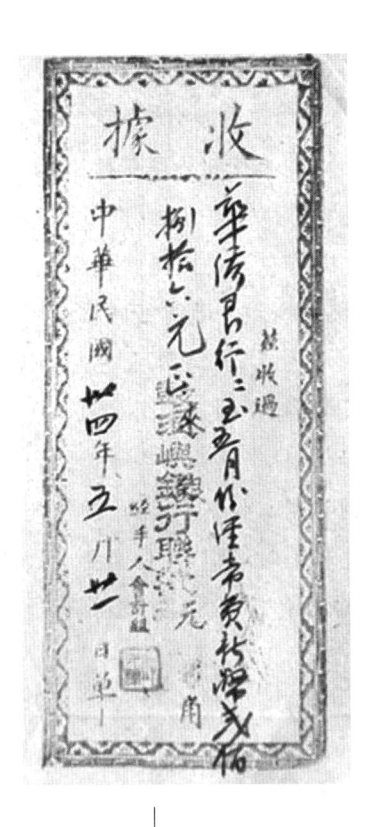

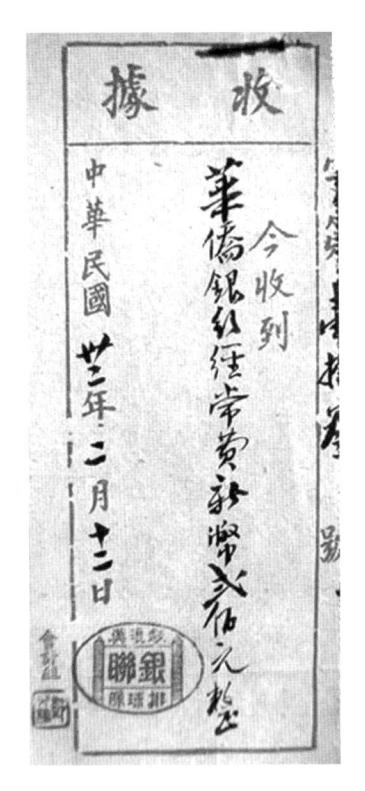

上左　图 4-26　民国卅四年（1945年）5月银行联欢社团体经常费收据(陈亚元藏品)
上右　图 4-27　民国卅二年（1943年）2月华侨银行缴交银联排球队经常费收据(陈亚元藏品)

解读：

　　图 4-24 至图 4-27 是华侨银行向银行联欢社缴纳经常费的一组票据。从名称可以推断，银行联欢社是银行业的一个跨行业余团体。图 4-24 和图 4-25 显示，该联欢社最迟在民国廿六年（1937年）8月就已经成立。图 4-24 和图 4-25 的椭圆形图章显示，该联

117

欢社的名称为厦门市银行联欢社。其设有个人和团体两种成员。个人成员每月缴纳经常费1元,团体成员每月缴纳经常费10元。

图4-26为民国卅四年(1945年)5月补交银行联欢社当年2—5月经常费的收据。其正中的紫色竖排字印显示,此时的银行联欢社已经更名为"鼓浪屿银行联欢社",应当是民国廿七年(1938年)5月厦门岛沦陷后银行迁至鼓浪屿所致。此时的联欢社团体经常费已经从民国廿六年(1937年)每月10元国币(即法币)增至每月71.5元"新币"(即"中储券"),相当于法币143元。

图4-27是民国卅二年(1943年)2月华侨银行为鼓浪屿银行联欢社排球队捐款200元"新币"的收据。收据上盖有"鼓浪屿银联排球队"的印章,可见该排球队并非临时组织,而是常年开展活动的运动队。由此可以推断,银行联欢社主要是组织银行行员开展文体活动的业余社团。

4.社会捐款票据

上　图4-28　鼓浪屿联欢社慈善款收据(陈亚元藏品)

解读：

图4-28是华侨银行向鼓浪屿联欢社慈善部捐款6000元的收据。收据的开具时间为"中华民国四年一月二十三日"，看似写得清清楚楚，实际上大有问题。

首先，民国四年(1915年)新加坡华侨银行尚未成立，根本不可能到鼓浪屿来捐款。其次，收据上的"社长苏清岁　总务主任洪武义"是鼓浪屿日据期间的活跃分子，苏清岁为黄家渡一带的第四联保主任；洪武义为台湾人，与其兄洪文忠同为鼓浪屿流氓帮派

119

"廿四猛"的头目。民国卅四年(1945年)洪武义被起诉时时年37岁,民国四年(1915年)才7岁。所以这张票据"民国四年"的年份实在错得没谱。因为开具时间之错显而易见,加上收据上盖有机构和个人的印章多达6处,本收据造假的可能性基本上可以排除。而本收据的开具较大的可能是漏写了一个"卅"字,将"民国卅四年"误写成"民国四年"。此前有文史资料称"太平洋战后不久"即民国卅年(1941年)12月7日之后,洪文忠在日本警察署的支持下,在鼓山路现笔山居委会成立"鼓浪屿华侨联欢社"。从本收据提供的情况看,洪文忠的联欢社应该是"鼓浪屿联欢社"。

房 租 类 票 据

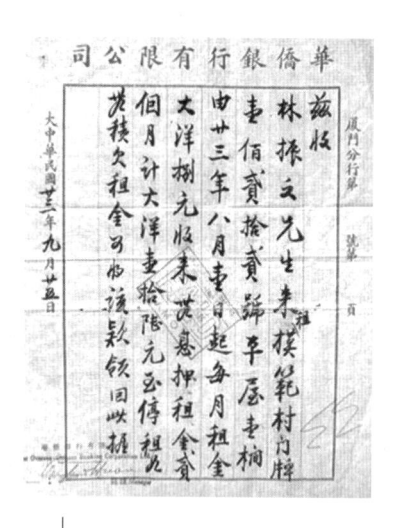

上　图5-1　民国廿三年(1934年)9月模范村房屋出租合同(陈亚元藏品)

图5-1内文如下：

兹收/林振文先生来租模范村门牌/壹佰贰拾贰号平屋壹间。/由廿三年八月壹日起。每月租金/大洋捌元。收来无息押租金贰/个月计大洋壹拾陆元,至停租如/无积欠租金可将该款领回。此据/(经办人英文花押)/大中华民国廿三年九月廿五日

上　图5-2　民国廿四年(1935年)11月模范村房屋出租合同(陈亚元藏品)

图5-2内文如下：

　　兹收/陈万林先生来租模范村门牌壹佰拾/捌号平屋壹间,由廿四年拾壹月壹日/起,每月租金大洋伍元。收来无息押租金贰/个计大洋壹拾元,至停租时如无积欠/租金,可以将该款如数领回。此据/(经办人英文花押)条/大中华民国廿四年十一月四日

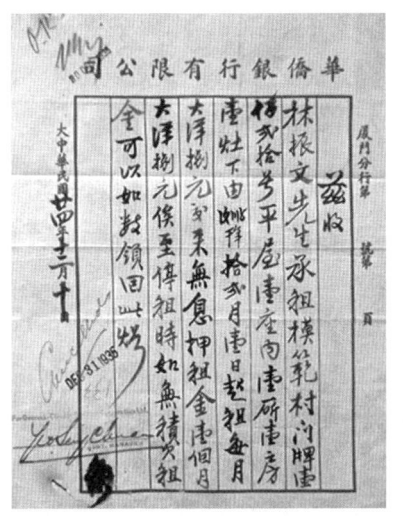

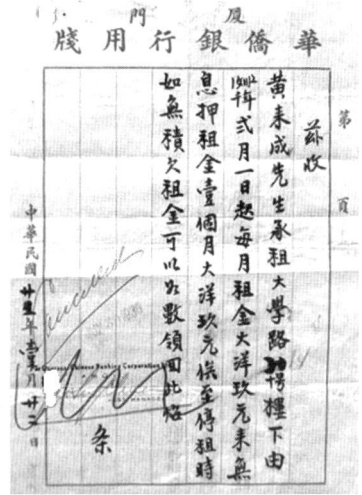

上左　图5-3　民国廿四年(1935年)12月模范村房屋出租合同(陈亚元藏品)

上右　图5-4　民国廿五年(1936年)1月大学路房屋出租合同(陈亚元藏品)

图5-3 内文如下：

兹收／林振文先生承租模范村门牌壹/佰贰拾号平屋壹座，内壹厅壹房/壹灶下，由1935年拾贰月壹日起租，每月／大洋捌元，交来无息押租金壹个月／大洋捌元，俟至停租时如无积欠租/金，可以如数领回。此据／(经办人英文花押)条/大中华民国廿四年十二月十日

图5-4 内文如下：

兹收／黄来成先生承租大学路二十号楼下，由/1936年贰

月一日起，每月租金大洋玖元，交(原件无此字，编著者酌加)
来无/息押租金壹个月大洋玖元，俟至停租时/如无积欠租金，
可以如数领回。此据/(经办人英文花押)条/中华民国廿五年
壹月廿二日

解读：

图 5-1 至图 5-4 为华侨银行厦门分行出租模范村、大学路房屋与租户签订的合同。模范村在中山公园东侧，今百家村路、深田路、东门路等街区一带。大学路在今厦港街道，路名未变，但门牌号屡有变更。

民国十六年(1927年)决定辟建中山公园，所择园址原有咸草河、东岳河、魁星河、樵溪、蓼花溪等三河两溪交叉纵横，其间分布有浸田园地，有居民245户。为了安置园址居民，当局在中山公园东侧白鹤岭南麓建造了一批砖木结构平屋，命名为百家村。随后，又在这一带进行商业性开发，填平附近的低洼、水田，开发成近6万平方米的住宅区。模范村118、120、122号房屋就是华侨银行投资兴建、供出租的普通民房。民国十九年(1930年)前后，一些政界、知识界进步人士发起"乡村建设"运动，各地兴办了一批带有实验、示范性质的"模范村""示范乡"，寻求改变乡村面貌的途径。百家村一带的新住宅区实行统一规划、统一建设，早期的安置房虽然没有分户卫生设施，但房屋为连排砖木结构平房，门前有小面积庭院。后期建造的则有二三层楼房。街道在6~8米左右宽，平坦宽敞，与先前简陋的胡乱搭盖相比，确实有气象一新的感觉，思明县政府遂将这一新住宅区命名为模范村，作为乡村建设的典范。

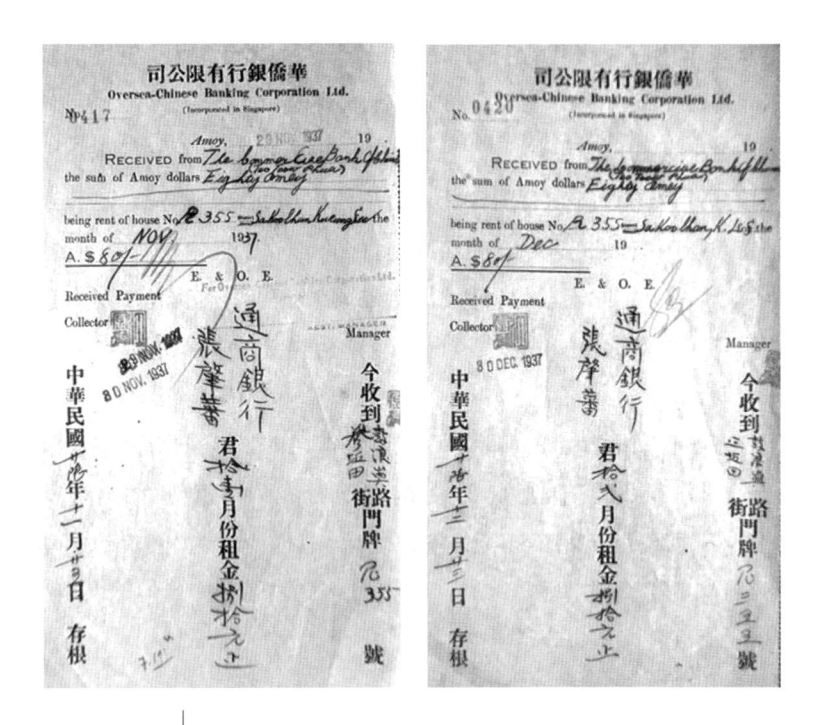

上左　图5-5、上右　图5-6　鼓浪屿三丘田355号房租收据
(陈亚元藏品)

解读：

　　图5-5与图5-6为华侨银行民国廿六年(1937年)11月、12月收取鼓浪屿三丘田355号房租收据。收据用英文标注，租金按"厦门圆"计算，每月80元。通俗地说，"厦门圆"基本与银圆等值。1937年11、12月能以每月80大洋租金出租的房屋，必定是大宅、豪宅，租户也定是非常人。收据载明的租房方"通商银行张肇蕃"，为该行的副经理兼代经理。

　　通商银行即中国通商银行，创立于清光绪二十三年(1897

年),是国内首家现代银行,比大清银行早办11年,但迟至民国廿三年(1934年)6月才在厦门海后路设立分行,拥有资金600万元。民国廿六年(1937年)9月迁往鼓浪屿营业,并向华侨银行租用三丘田355号为该行高管的住所。厦门沦陷期间,因业务减少,无法维持,遂于民国卅三年(1944年)7月停止营业。民国卅八年(1949年)5月一度宣告复业,行址设海后路,随因金圆券币值狂贬而无业可营。此处每月80元大洋的房租成为通商银行陨落前夕的一抹余晖。

图5-5和图5-6还显示,民国廿六年(1937年)12月,华侨银行厦门分行的营业地点仍设在厦门岛,故收据上的地址为"Amoy"即厦门。翌年迁至鼓浪屿之后,地址便改为"鼓浪屿福建路A145号"了(参见图5-7)。

5.房租类票据

上左　图 5-7　民国卅年（1941 年）4 月思明南路 488、490 号
　　　　　　房租收据(陈亚元藏品)
上右　图 5-8　民国卅年（1941 年）6 月思明南路 488、490 号
　　　　　　房租收据(陈亚元藏品)

上左　图 5-9　民国卅年（1941 年）8 月思明南路 488、490 号
　　　　　　房租收据(陈亚元藏品)
上右　图 5-10　民国卅年（1941 年）11 月思明南路 488、490
　　　　　　号房租收据(陈亚元藏品)

上　图 5-11　民国卅年（1941 年）8 月思明南路 494 号房租收据(陈亚元藏品)

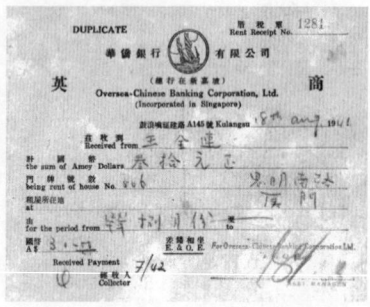

上左　图 5-12　民国卅年（1941 年）8 月思明南路 500 号房租收据(陈亚元藏品)
上右　图 5-13　民国卅年（1941 年）8 月思明南路 506 号房租收据(陈亚元藏品)

解读：

图 5-7 至图 5-13 为一组（7 张）华侨银行在思明南路蜂巢山一带出租房屋开具的房租收据。与图 5-1 至图 5-4 的手写租约不同，这一组收据连同图 5-5 与图 5-6 两张鼓浪屿房租收据均为正规印刷的格式化收据。从中可以看出，华侨银行在厦门拥有的可供出租的房产已经具备相当的规模，以致需要印刷正式的格式化收据来规范管理。华侨是厦门第一次大规模市政建设的主要投资人。据《厦门房地产志》记载，总部设在新加坡的华侨银行厦门分行当年投入厦门市政建设的资金达 200 万元（银圆）。本书房租类票据显示，华侨银行投资兴建的房屋分布在模范村、大学路、鼓浪屿、思明南路等地。

在思明南路这一组房租收据中，图 5-7 至图 5-10 的房屋为思明南路 488、490 号，租户为新南轩酒家；图 5-11 的房屋为思明南路 494 号，租户为三友饭店；图 5-12 为思明南路 500 号，租户为广济；图 5-13 为思明南路 506 号，租户为王金连。500 号与 506 号没有写明租房用途，但应该都是商业用房。

厦门虽然早在 1843 年就正式开埠，但很长的一段时间内没有专门的商业用房，商业区的房屋基本上都是"前店（或作坊）后宅"的平房。20 世纪 20 年代开始大规模市政建设后，新辟街道的两旁大都建成一层为店面、楼上为住宅的楼房，楼房一般为三层或四层。店面宽度一般是 15 英尺（约折 4.5 米），纵深则视不同区域而定，从 30 英尺（约折 9 米）至 70 英尺（约折 21 米）不等。像新南轩这样稍具规模的菜馆，必须租用相连的两个店面才能满足正常营业。

新南轩是专营闽菜的酒楼，在 60 岁以上的厦门人中几乎无人不晓。但所有关于新南轩的史料,都记载新南轩位于"蕹菜河(思明南路思明电影院至中山路之间路段)",图 5-7 至图 5-10 充实了这家著名酒楼民国卅年(1941 年)在思明南路 488、490 号的一段经营史。

仔细观察,可以看到图 5-8 左上角有一行小字,内容是"1941 铺税四五六 12 元"(原文金额"12"用中国传统记账商码表示)。这里的铺税指的是商铺出租所得应缴纳的税。这一行字表明,思明南路 488、490 号 1941 年 4、5、6 月共缴纳房屋出租所得税 12 元,平均每间商铺每月缴纳房屋出租所得税 2 元。华侨银行是一家经营、管理比较规范的金融企业,这一数据应该是可信的,也就是说,民国卅年(1941 年),日伪当局征收的房屋出租税税率为 10%。

同是格式化印刷收据,民国卅年(1941 年)的图 5-7 至图 5-13 这组收据在醒目的位置上加印了"英商"二字,而民国廿六年(1937 年)的图 5-5、图 5-6 就没有这两个字。这是因为,民国廿七年(1938 年)5 月厦门沦陷,厦门的中资企业均被日伪当局侵吞,华侨银行为了保护自己,把营业地点从厦门岛迁到鼓浪屿,并特意在收据上加印"英商"二字。但这一措施的效力未能维持多久。民国卅年(1941 年)12 月太平洋战争爆发之后,日本霸占了鼓浪屿,华侨银行随即被迫停业。图 5-13 显示,新南轩当年 11 月的房租直至 12 月 27 日才缴交,而且注明租约至 12 月即终止。可见当时华侨银行已经失去了对所属产业的控制权。

房租类所收均为厦门第一次大规模市政建设后 10 年之内所产生的票据,同属厦门港一带的街道,民国廿五年(1936 年)大学路 20 号楼下店面月租金为 9 元大洋。根据 2004 年版《厦门市志》记载,民国廿六年(1937 年)与民国卅年(1941 年)厦门市杂项物价指数之比为 106∶1577。依照这一物价指数之比,1940 年的同类房屋租金应为 1937 年的 14.88 倍,仅一层店面的租金就应该达到 134 元法币,但据民国卅年(1941 年)华侨银行出租思明南路一带的楼房,单间楼房月租金仅为国币(即法币)20～35 元,可见当时市面的萧条。

图 5-9 显示,当年 8 月收取的租金为 75 元法币,但此前的 4、6 月以及之后的 11 月月租均为 40 元(见图 5-7、图 5-8、图 5-10)。极有可能是华侨银行认为两座楼每月 40 元的租金太低,故提至每月 75 元,但承租方新南轩酒家无法承担,经协商又恢复到 40 元。这应该是当年市场不景气造成的后果。

陆

金融类票据

6.1 银两汇票

图 6-1 至图 6-7 一组 7 件汇票使用的货币均为银两。明、清至民国初年，厦门通行银本位货币制，但银两的价值随含量、质量的不同而各异，使用过程中极为不便。民国三年（1914 年）2 月，北京国民政府颁布《国币条例》，决定实行银本位制度，以银圆为国币，实行银圆、银两、铜钱和纸币同时流通的货币制度。市面上实际流通的多为银圆、银毫（厦门话称银角）和制钱（厦门话称铜镭）。但因为银圆、银毫和制钱样式众多、成色不一，记账环节多使用银两。本组 7 件汇票均注明，所汇银两为"九八规银"（实物件中"九八"二字采用中国传统记账商码书写）。所谓"九八规银"，指的是上海银炉所铸的加水 2 两 7 钱 5 分的"二七宝银"再加上九八折优惠的虚拟银两。

6.金融类票据

| 上左 | 图 6-1 | 民国十八年（1929年）3月和通公司银两汇票(陈亚元藏品) |
| 上右 | 图 6-2 | 民国十八年（1929年）4月远大银庄银两汇票(陈亚元藏品) |

| 上左 | 图 6-3 | 民国十八年（1929年）4月长裕行银两汇票(陈亚元藏品) |
| 上右 | 图 6-4 | 民国廿年（1931年）1月丰益钱庄银两汇票(陈亚元藏品) |

丰益钱庄小识：该钱庄位于大史巷（今大同路与人和路之间的巷子），是民主革命先贤许卓然牺牲之处。民国十九年（1930年）5月28日，许卓然在丰益钱庄门前被刺客连发5枪，翌日不治身亡。

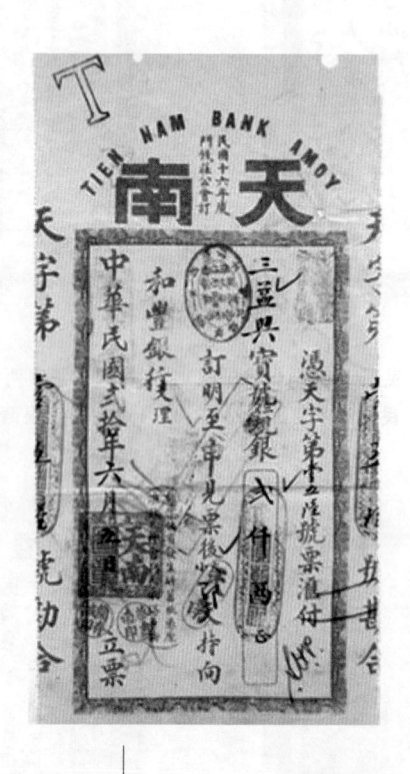

上　图6-5　民国廿年（1931年）6月天南钱庄银两汇票(陈亚元藏品)

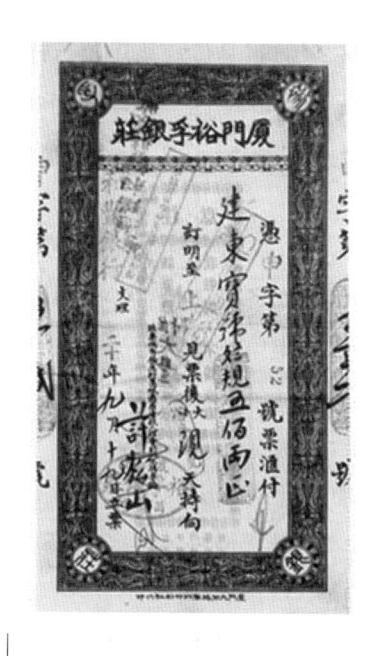

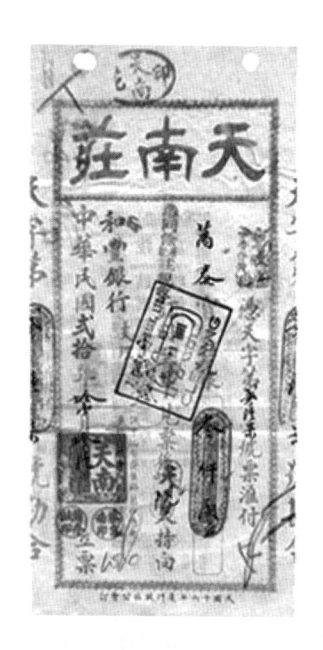

上左　图6-6　民国廿年（1931年）9月裕孚银庄银两汇票(陈亚元藏品)
上右　图6-7　民国廿年（1931年）11月天南钱庄银两汇票(陈亚元藏品)

解读：

　　图6-1至图6-7是从华侨银行厦门分行的旧档案中检出的7件银两汇票。汇票的出具单位依次为和通公司、远大银庄、长裕行、丰益汇票、天南钱庄、裕孚银庄和天南庄（即天南钱庄）等。据厦门大学陈明光教授所著中国社会民俗史丛书之《钱庄史》，钱庄的起源可以追溯到唐代代人保管钱财的"僦柜""柜坊"；钱庄另一主要功能异地汇兑则始于唐代的"飞钱"。厦门的钱庄脱胎于专营银两、银圆兑换制钱、银角的钱店，厦门开埠后发展为钱庄，又称银庄、票号等。经营厦门与上海、香港之间汇兑业务的钱庄被视为其中的佼佼者。随着现代银行业的发展，传统钱庄逐渐受到挤压。

民国十八年（1929年）至廿一年（1932年）正是传统钱庄苦苦挣扎的阶段。丰益汇票、裕孚银庄办完这桩汇票后不久，便于民国廿一年（1932年）被迫停业；天南钱庄亦于民国廿二年（1933年）自动收盘。

厦门早期的汇票由各钱庄自行印制，民国十六年（1927年）厦门钱庄公会制定出汇票的统一格式，交由各钱庄执行。汇票一般为三联，第一联、第二联交与持票人，其中第一联购销后寄回开票方结算；第二联由付款方存档；第三联为存根，由开票钱庄留存。汇票各联上方一般印有钱庄的商号，各联之间骑缝处印有"×字第××号勘合"的字样，使用时还要加盖开票钱庄的暗记图章。第一、第二联的内容为："　凭×字第××号票汇付××宝号××银××××，定明至××（地点）见票后××天持向××××（付款方）支理。中华民国×年×月×日"。汇票上还有小字注明："该票倘有发生纠葛，只凭原汇款人理会，别人不得争论。"本组7件汇票均为由付款方保存的第二联。为了防伪，各件实物上均盖有多种图章，图6-7天南钱庄的汇票所盖图章多达11个。

实力雄厚的钱庄尽管可以办理厦门与上海、香港之间的汇票，但厦门的钱庄都没有在上海设立分支机构，本组7件厦门钱庄办理的汇票，都是向上海和丰银行支理兑现。上海和丰银行是新加坡华人银行和丰银行在上海的分行。新加坡和丰银行由闽南侨商林秉祥、林文庆、李俊源、曾江水、林推迁等人于民国六年（1917年）在新加坡创办，民国十六年（1927年）在上海设立分行。民国廿一年（1932年）10月与新加坡华侨银行、华商银行合并为华侨银行有限公司。这也是和丰银行付款的汇票单据为何保存在华侨银行的旧档案中的原因所在。

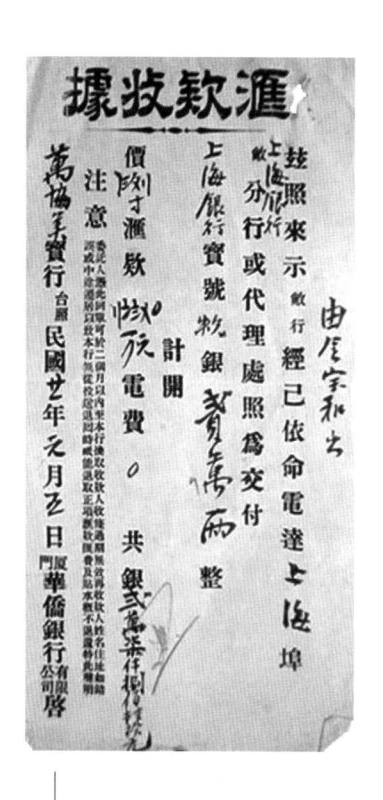

上　图6-8　民国廿一年（1932年）1月华侨银行
汇款收据（陈亚元藏品）

解读：

图6-8是华侨银行厦门分行开具的由厦门钱庄金宝和（位于中山路）汇给上海万协美商号20000两规银（即九八规银）的收据。收据右侧手写"金宝和"三字中的"宝"字是当时通行的手写字，后来被用作简体字。

这件汇款收据有两个看点：一是收据载明汇价即汇费为"1392寸"（实物件中"1392"用中国传统记账商码表示），从实际汇款金额

"银贰万柒仟捌佰肆拾元"可以得知,当时华侨银行收取的厦门汇往上海"规银贰万两"的汇率为千分之五。二是当时银圆的价格比银两高,证实了厦门《海关十年报告之五(1922—1933)》所说的"1930年和1931年间银价猛跌"所言不虚。本件汇款收据开具时间为"民国廿一年元月",正是银价猛跌的毗连期,在正常时期,当时通行的"袁大头"银圆一元折算纯银6钱4厘1毫,27840元银圆可折算纯银17845.44两,相当于规银19183.85两,但民国廿一年(1932年)1月却可折算为规银20000两,相差800两有奇。

6.2　银圆汇票

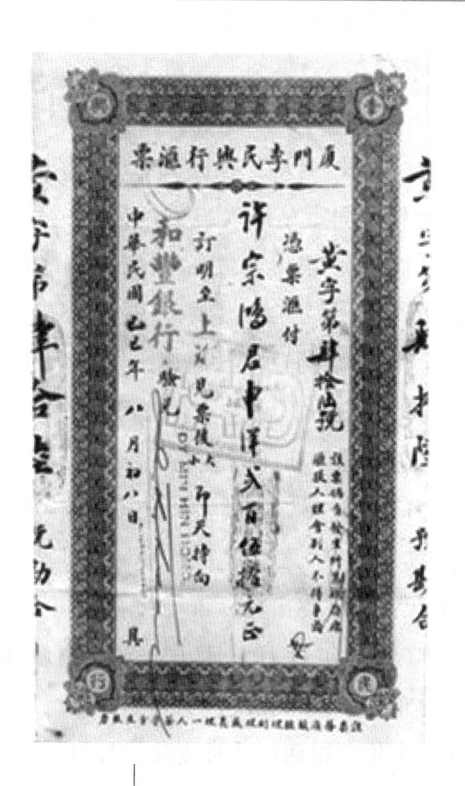

上　图6-9　民国十八年（1929年）8月李民兴行汇票(陈亚元藏品)

解读：

银圆应该是脱胎于银饼。所谓银饼，系将银子铸成扁状多边形，形状不一，交易时仍按重量计算价值，实际上与银锭没有多大差别。后来改为圆形，大小一致，重量划一，交易时以个计值，十分方便，遂迅速传播开来。外国银圆从明末进入厦门，早期在厦门一

139

带流通的外国银圆有荷兰的马剑、西班牙的番头、墨西哥鹰洋等，清道光年间增加了美国、英国、法国、日本、印度等国的银圆。

根据钱币界的考证，厦门在道光二十四年（1844年）前后一度流行漳州所铸"漳州军饷"银圆。光绪十五年（1889年）之后，广东、湖北等省纷纷开设造币厂铸造银圆，各种样式、各种成色的银圆充斥市场。这一阶段，西班牙银圆成为厦门流通领域中的标准货币，1个西班牙银圆固定兑换7.33钱纯银。

为了整顿币制，划一银币，促进经济交流和经济发展，北京国民政府于民国三年（1914年）2月，颁布《国币条例》十三条，决定实行银本位制度。《国币条例》规定"以库平纯银六钱四分八厘为价格之单位，定名为圆"，同时规定"一圆银币，总重七钱二分，银八九，铜一一"。由造币总厂和江南造币厂铸造的正面为袁世凯头像的一圆银币（俗称"袁大头"）很快就以样式新颖、成色足额而风靡全国。民国十年（1921年）之后，"袁大头"在各地市场上已经占据首要地位，西班牙银圆被逐出交易市场。

民国廿二年（1933年）4月5日，国民政府财政部发出《关于废两改用银本币的布告》，宣布自4月6日起，"实行废两改用银本位币"。沿用1000多年的银两制度被废除，银圆成为单一的主币。

图6-9为旅居菲律宾华侨李昭北、李清泉叔侄经营的李民兴行于民国十八年（1929年）8月签发的汇票。李家早期在菲律宾经营木材，后成为菲律宾著名的"木材大王"、中兴银行的发起创办人之一。李民兴行是清末厦门著名的钱庄之一，行址设在港仔口（今升平路与镇邦路交界处），拥有资本8万银圆，在同一时期厦门86家钱庄中居第五位。钱庄和木材为李家早期两大产业，随着银行业的发展，钱庄的传统经营方式受到巨大挑战。民国廿二年（1933

年),李民兴行自行收盘。民国十五年(1926年),李家叔侄斥资200万银圆,成立李民兴置业公司,参与厦门市政建设。厦门岛中山路、大同路、镇邦路和大生里有不少楼房是李民兴置业公司建造的;鼓浪屿重点历史风貌建筑容谷别墅、李家庄为其家族产业。

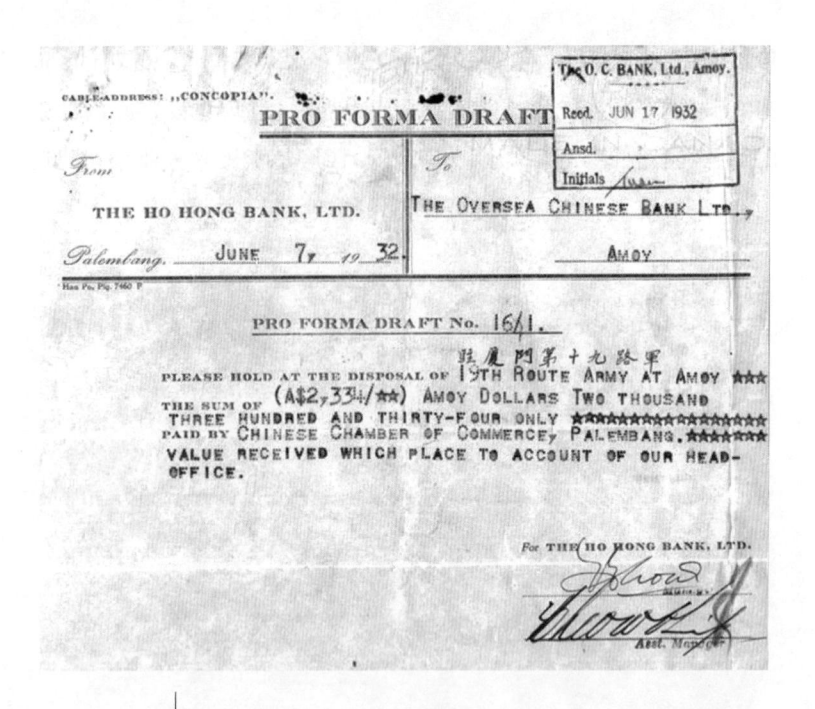

上　图 6-10　民国廿一年（1932 年）6 月海外华侨资助驻厦门国民革命军第十九路军汇票(陈亚元藏品)

解读：

图 6-10 是印度尼西亚苏门答腊巨港中华总商会通过和丰银行汇到华侨银行厦门分行的一张汇票，金额为 2334 厦门圆，汇票注明收款人为驻厦门第十九路军。所谓厦门圆系虚拟货币，指的是厦门通行的银圆的平均价。民国廿一年(1932 年)1 月 28 日，日本侵略军悍然进攻上海。蒋光鼐、蔡廷锴率十九路军奋起抗击，与侵略军血战 33 天，迫使日军四度易帅，死伤万余人，也无法攻占上海。十九路军从此深得全国人民和海外华侨的拥护和爱戴，被誉为"国家柱石""民族英雄"。1932 年 5 月 5 日，南京国民政府同日

本签订《淞沪停战协议》,把十九路军调到福建。当年6月,蒋光鼐、蔡廷锴率部陆续抵达福建。6月7日,巨港中华总商会的爱国华侨就把慰问款寄出。汇票右上方华侨银行厦门分行加盖的收发章显示:6月17日,十九路军就收到这笔慰问金。实际上,当时十九路军尚未进驻厦门,后来其总部也没有设在厦门,而是设在漳州。

　　福建籍海外华侨拥戴十九路军,首要原因当然是受十九路军在淞沪保卫战中表现出来的不畏强暴、勇于牺牲的精神所感染而萌发出的爱国热忱,但另一个因素也不容忽视。

　　民国廿一年(1932年)的闽南,处于福建省防军中将旅长陈国辉的统治之下。陈国辉在所管辖的地盘内修路筑桥,发展乡镇交通,建造轮船码头,修建街道公园,发展教育事业,俨然是造福一方的"泉南王"。此时的陈国辉怎么样也想不到,因为他犯下的众多罪孽诱发的一场危机正在迫近。陈国辉从民军起家,参加过北洋军、北伐军、靖国军、护法军、讨贼军,他以土匪、军阀的残暴手段搜刮民脂,扩大武装;又凭借强大的武装肆意搜刮民财。闽南为华侨聚居之地,深受其害。陈国辉随意向华侨派款派捐,强迫华侨捐资,其勒索钱财动辄数千上万银圆,或10圆一张的银圆票10斤以上,不如数缴款就掳人绑票、烧房拆屋。陈国辉及其部下还霸占侨眷、残害侨属,甚至制造灭门、毁村惨案。民国廿年(1931年)初,侨团中华商会通电国民党福建省政府,控诉"陈国辉历在南、永、德、安一带荼毒生灵,罪案如山……勒派抢劫,怨声载道,又敢包庇种烟……焚杀掳掠,疮痍未复,连日纵兵抢劫为要挟"。3月,该侨团向国民党中央政府监察院控告陈国辉危害侨乡,迫害归侨侨眷的罪行。民国廿一年(1932年)2月,闽同乡联合各地侨团在香港召开"福建海内外民众团体代表联席会议",要求十九路军消除福建地方恶势力。同年6月,多家海外侨团又分别向国民党中央政府和十九路军控告陈国辉为害闽南侨乡的罪行。在这种背景下,海外华侨支持十九路军,动机之一就是希望十九路军进驻福建之后,能倾听海外侨胞的心声,为海外华侨主持正义、主持公道。

民国廿一年(1932年)9月26日,蒋光鼐、蔡廷锴将陈国辉诱至福州,随即扣押监禁。同年12月23日,陈国辉在福州东湖被枪决。以时任驻闽绥靖公署主任蒋光鼐的名义签发的布告称:"陈国辉系剽骑鸣镝之徒,因缘时会,啸聚闽南,暴戾姿睢,无恶不作。如庇匪掳勒、渎职殃民、横征暴敛、擅创捐税、勒种罂粟、屠杀焚村、摧残党务、拥兵抗命,种种罪恶,擢发难数,皆属社会共见共闻,无可掩讳之事实……如今拿办,业已呈奉国民政府军事委员会,电令组织军事法庭会审,并经详细研讯,罪证确凿,法无可宥。该犯陈国辉一名,合依陆、海、空军刑法第二十五条,及二十七条、三十五条、四十七、六十三条各条规定,合并论罪,判处死刑。"后人称陈国辉发迹于刀剑,葬身于刀剑。但在某种意义上,陈国辉死于图6-10这样的一张一张从海外飞来的汇票,倒不是说钱能买命,而是这些汇票上汇聚着人心。

6. 金融类票据

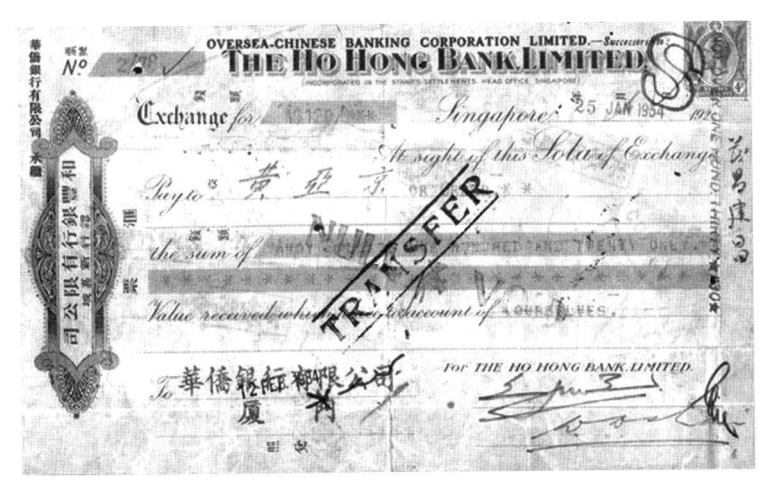

上　图6-11　民国廿三年（1934年）1月和丰银行汇票正面(陈亚元藏品)

下　图6-12　民国廿三年（1934年）1月和丰银行汇票背面

上　图6-13　民国廿三年（1934年）1月和丰银行汇票背面局部

解读：

图6-11和图6-12为民国廿三年（1934年）1月25日汇到华侨银行厦门分行的汇票的正面、反面。从汇票正面看，汇出银行是新加坡和丰银行。但此前的民国廿一年（1932年）10月31日，和丰银行已经和华侨银行、华商银行合并为华侨银行有限公司了。难道这张汇票有问题？仔细观察，可以在图6-11左上方看到一行加盖的红色小字：华侨银行有限公司承继。显然，当时被称为新加坡实力最雄厚的银行不忍将三家银行合并前印好的汇票丢弃，加盖了一行小字继续使用。浩浩江河，不弃涓滴。这是企业成功的诀窍之一。

图6-12贴的印花票密密麻麻地加盖了好多字。从图6-13可以辨认出，印花票原始字样为白色的"国民政府印花税票"；其下方加盖一行浅黑色字，内容为"人民革命政府"；其下又加盖两行颜色较深的黑色字，内容为"福建/印花烟酒局"；在两张印花票的连接缝处和各张印花票下沿，分别加盖蓝色大字"国""安海"；印花票粘贴后又在印花票与汇票接缝处加盖三字"安建昌"红色印章。

这么多的加盖印章字样，着实叫人摸不着头脑。但是，只要注意到汇票正面"1934年1月25日"寄出、"2月12日"兑现这两个时间,再大致了解一下 1934 年前后的福建政局,也就知道其中并没有什么玄妙了。厦门广泛征收印花税大约在民国廿一年(1932年)以后,图 6-13 中白色的"国民政府印花税票"是那阶段南京国民政府财政部印制的印花税票。民国廿二年(1933 年)11 月 20 日国民革命军第十九路军发动"福建事变",22 日宣布成立"中华共和国人民革命政府"(通称"福建人民政府")。因事发突然,来不及印制印花税票,便将原先国民政府财政部印制的印花税票加盖"人民革命政府"替用。民国廿三年(1934 年)1 月 16 日,南京国民政府派出的军队攻占福州,1 月 21 日攻占漳州,"福建事变"失败。1月 24 日,南京国民政府改组福建省政府。2 月 2 日,新任福建省政府主席陈仪到任。2 月 12 日,华侨银行厦门分行办理兑付新加坡汇票。印花税票上蓝色的"安海"以及税票与汇票接缝处加盖的红色"安建昌"即安海建昌商行说明,汇票的兑现地点是在安海。由于此时福建政局刚趋于稳定,由南京国民政府财政部印制的正式的印花税票尚未送达,便将此前盖有"人民革命政府"的税票再加盖"福建/印花烟酒局"使用。一种印花税票经三次加盖,这在印花税史上恐怕也是极其罕见的。因此,这件汇票显得尤其珍贵。

上　图 6-14　孔夫子旧书网拍卖的福建"人民革命政府"印花税票（网址：www.kongfz.com，访问时间：2016 年 6 月 23 日 10:00）

解读：

图 6-14 为不知名收藏家发布在孔夫子旧书网的一件藏品，为"中华共和国人民革命政府"印制的壹角印花税票四连张，可以和图 6-12 粘贴的加盖印花税票相互印证。从该藏品的品相看，该税票尚未使用。结合"中华共和国人民革命政府"存在的时间仅有一个多月以及 20 世纪 30 年代初制版、印刷的技术水平分析，该藏品应该是供审定的印刷试样或尚未交货的少量成品，具有相当的收藏价值。

上后　图 6-15、上前　图 6-16　民国廿四年（1935 年）12 月华侨银行兑付李延年汇票正面、背面
(陈亚元藏品)

解读：

图 6-15 和图 6-16 分别为民国廿四年（1935 年）华侨银行兑付给客户李延年师长的汇票的正面、背面。从正面看，这张汇票似乎与平常的汇票没有什么两样。但从背面看，却有点反常。汇票背面右侧两行红色加盖印章注明"此单由泉州中央银行托厦门中央银行代收，别人拾得作为废纸"；这两行红字的左侧盖有"中央银行厦门分行泉州办事处"及办事处主任"吕儁"的印章；办事处及主任

印章的左侧还盖有两行蓝色字，注明"此票只凭中央银行厦门分行轧账，别人拾得作废"；下方还盖有"中国中央银行厦门分行"的英文印章——种种标识均说明汇票是由中央银行厦门分行驻泉州办事处签发的。问题就来了：第一，中央银行厦门分行不可能没有汇票，为什么不用本行的汇票，偏偏要用华侨银行厦门分行的汇票，然后在汇票背面加盖种种说明性的印章，来说明汇票的实际签发人？第二，汇票背面注明"此单由泉州中央银行托厦门中央银行代收，别人拾得作为废纸"，但汇票正面却加盖了一行红字，注明"此票向厦门华侨银行领款"，这种自相矛盾的做法究竟是为了什么？这些难以解释的问题应该会使这张汇票身价陡增。

这张汇票的领款人也是这张汇票增值的一个重要因素。汇票背面正中的"国民革命军陆军第九师师长之印"说明，汇票的领款人李延年即国民革命军陆军第九师师长。这个李延年堪称国民党阵营中一个大起大落的悲剧性人物。

李延年，字吉甫，山东省广饶县人。1924年20岁时考入黄埔陆军军官学校第一期。1931年升任第九师中将师长，参加过对江西中共苏区的第三、第四和第五次"围剿"。1934年初参与解决"福建事变"，同年12月任福建绥靖公署第三绥靖区司令兼陆军第九师师长。领取这张汇票时，还兼任福州第四绥靖区司令。按照国民政府《印花税法》规定，这张500元的汇票应该贴1角印花税票。显然，由于李延年显赫的地位，只贴了2分税票。使人觉得好奇的还有，李延年的司令部设在泉州，不知为何到厦门且需要从泉州汇500元到厦门。图6-15注明汇票签发时间为1935年11月30日，图6-16印花税票上盖的领款时间为1935年12月24日，身兼第三、第四绥靖区司令的李延年在厦门这一住最少也有一个月。

1949年夏,李延年任福州绥靖公署副主任兼第六兵团司令官,因擅自放弃平潭岛,到台湾后被军事法庭判处10年徒刑,一年后假释出狱,穷困潦倒,靠朋友、部下接济度日。1974年11月在台北病逝,终年70岁。

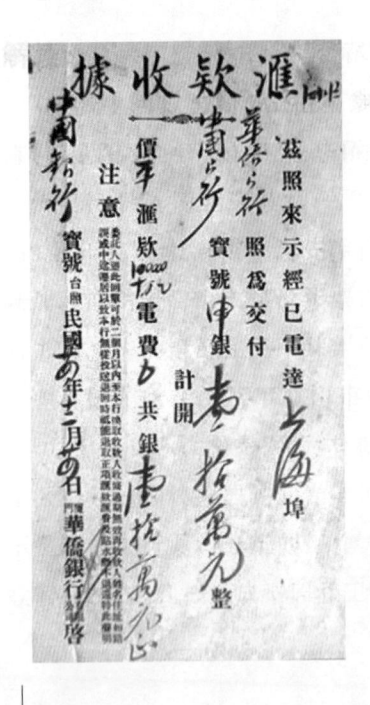

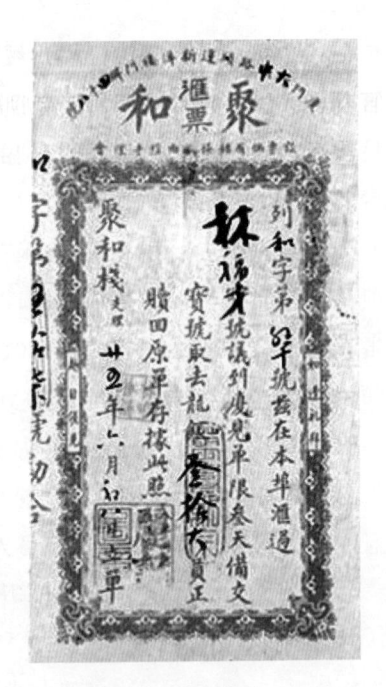

上左　图 6-17　民国廿四年（1935 年）12 月中国银行汇款收据(陈亚元藏品)
上右　图 6-18　民国廿五年（1936 年）农历六月聚和栈银圆汇票(陈亚元藏品)

解读：

　　20 世纪 30 年代，受国际金价及银价上涨的影响，中国国内的白银不断外流，银本位币制无法持续，民国廿四年（1935 年）11 月 3 日午夜，南京国民政府财政部颁布《财政部改革币制布告》，11 月 4 日开始实行。除了规定以中央银行、中国银行、交通银行三家银行(后增加中国农民银行)发行的钞票为法定货币，禁止白银流通之外，第四条规定："凡银钱行号商店及其他公私机关或个人持有银本位币或其他银币生银等银类者，应自十一月四日起，交由发行准备管理委员会或其指定银行,兑换法币。除银本位币按照面额兑换法币外,其余银类各依其实含纯银数量兑换。"第五条规定:"旧有以银币单位订立之契约,应各照原定数额,于到期日,概以法币结算收付之。"据此,1935年11月4日之后,任何交易都必须使用法币。

根据上述规定,图6-17和图6-18这两张汇票显然是有问题的。图6-17是华侨银行民国廿四年(1935年)12月24日办理的汇款收据,但汇款人与收款人均为中国银行,汇款金额达10万银圆之多。正常情况下,厦门的中国银行与上海的中国银行之间的款项往来,完全可以通过本行内部途径进行,没有必要绕道其他银行。但所汇的这笔巨款为银圆,作为币制改革初期三大法币发行银行之一的中国银行,肯定知道这笔银圆交易是非法的,为了避人耳目,不得不绕道华侨银行办理。华侨银行应该知道此事属违法行为,但又知道中国银行背后有靠山,得罪不得,应属无奈之举。华侨银行的汇款收据上注明:本次汇款汇水为"平"价,"汇款100000万,电(汇)费零,共银壹拾万元正",也就是说,华侨银行办理这件业务纯粹是义务帮忙的性质,不收任何费用。这也许是华侨银行的精明之举,生怕万一出事,为自己留条后路。

图6-18为民国廿五年(1936年)农历六月初八日厦门钱庄聚和栈办理的汇票。汇票上写明,汇款币种是"龙银",汇款时间是"民国廿五年六月初八",涉嫌在南京国民政府禁止白银流通的布告颁布半年之后公然进行银圆交易,未免有胆大妄为之嫌。话说回来,如果发行法币的中国银行在《财政部改革币制布告》颁布之后都可以从厦门汇出10万银圆到上海的话,聚和栈钱庄厦门汇厦门的区区"叁拾大员(圆)"又算得了什么呢?

6.3 法币汇票

上左　图 6-19、上右　图 6-20　民国廿六年（1937年）8月厦门"四行"会议事录（白桦藏品）

图 6-19、图 6-20 内文如下：

四行谈话会议事录/中央银行/中国银行/交通银行/中国农民银行/二十六年八月九日在中央银行举行/一议际此局势同业进出暂以筹备付现为原则/一议四行存放彼此暂以伍万元高限，逾限当天支取须在申划抵，得双方同意再办/一议商业银行对四行存款暂以贰万元为标准，逾限不能付现/一议支票以取现为原则/一议四行为商业银行准备之法币以四十万为标准(由四行各负十万元之责任),随时由各行拨还,其运动办法另订之。

四行代商业各行垫运法币办法/一、八家商业银行如需运进法币,应于每星期一将拟运数目及款项/拨存四行,运到再交托运行。其运费、保险费及风险责任归委/托行负担/二、此项代运事项由中央、中国、交通、农民四行按次轮流代运,每星期/一次/三、在未运到之前各行有急用时,四行可以通融酌垫,但每行以伍万元/为限,由中央代办,再按比例成分向中、交、农摊收。俟该批运到,就中/扣还垫款后,对于该行方能再为续垫。所有代垫之款,委托行/必需先行用电拨交运款行之联行,由运款行出给临时收据交/垫款行。款运到时,垫款行凭此收据向运款行领还。

解读:

图 6-19 和图 6-20 的会议记录披露了一件重要事实:至民国廿六年(1937 年)8 月 9 日,也就是南京国民政府宣布实行币制改革一年又 9 个月之后,法币的投放尚不能满足厦门金融界的需求,四家负责投放法币的银行每天为厦门商业银行准备的法币仅有 40 万元,对于厦门这个国际通商口岸来说,无异于杯水车薪。

南京国民政府民国廿四年(1935 年)11 月 4 日开始实行法币币制改革时所颁布的法令不可谓不严。《财政部改革币制布告》规定:"自本年(即 1935 年)十一月四日起,以中央中国交通三银行所发行之钞票,定为法币。所有完粮纳税及一切公私款项之收付,概以法币为限,不得行使现金,违者金数没收,以防白银之偷漏。如有故有隐匿,意图偷漏者,应准照危害民国紧急治罪法处治。"法令如此严厉,而与币制改革相配套的法币的投放却严重不足,岂不是逼迫百姓铤而走险、置法令于不管不顾吗？从这个角度看,图 6-17 和图 6-18 披露的民国廿四年(1935 年)12 月和民国廿五年(1936 年)农历六月尚在使用银圆进行交易的现象就可以理解了。

纵观历史,法币币制改革经历了初期货币投放量严重不足,到加大投放,再到滥印钞票引发严重通货膨胀的过程,民间财富被洗劫一空。这又是另外一个话题了。

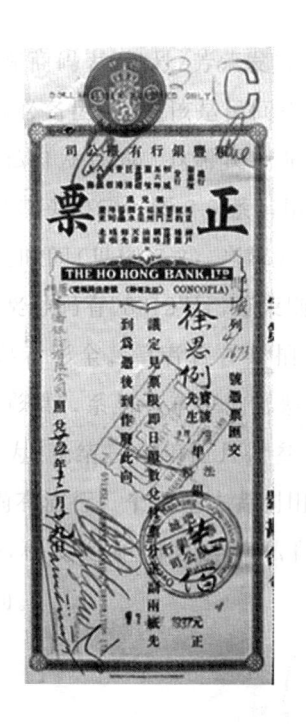

上　图6-21　民国廿五年（1936年）12月吧城和丰银行汇票正票(陈亚元藏品)

解读：

图6-21为吧城和丰银行即华侨银行民国廿五年（1936年）12月汇到厦门的一笔汇款。汇票原供汇寄银两或银圆使用，故原印刷字样为"银"，但此时南京国民政府已经实行法币币制改革，吧城华侨银行不得不在原印有"银"字样的汇票上加盖"法币"二字。此时，不管身在吧城的汇款人实际汇出的是金、银或其他货币，都只能兑换成法币。汇款金额法币600元在当时基本上与600银圆同值。此后，法币迅速贬值，几年之后，以百、千、万元计的汇票基本绝迹。

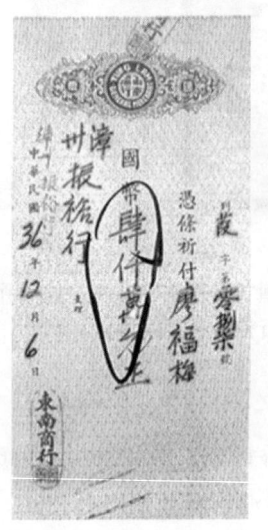

上左　图6-22　民国卅六年（1947年）9月华侨银行30万元汇款请托书
（陈亚元藏品）

上右　图6-23　民国卅六年（1947年）9月华侨银行800万元汇款请托书（陈亚元藏品）

下左　图6-24　民国卅六年（1947年）12月振裕行4000万元汇票(陈亚元藏品)

下右　图6-25　民国卅六年（1947年）9月华侨银行汇款副收条(陈亚元藏品)

解读:

图 6-22 和图 6-23 为民国卅六年(1947 年)厦门华侨银行办理的厦门汇往上海的两张汇款请托书,金额分别为法币 30 万元和 800 万元。图 6-24 为厦门一家名不见经传的"东南商行"通过漳州振裕行钱庄汇给同样是名不见经传的客户"廖福梅"的一张汇票,金额已经达到国币(即法币)"肆仟万元"。图 6-25 为华侨银行上海分行发给厦门分行的一笔汇款的收条,载明这笔汇款高达"国币壹亿伍仟万元",金额之巨达到令人瞠目结舌的程度。对比十年前全厦门市所有商业银行每天投放的法币仅有 40 万元(参见图 6-19、图 6-20),此时法币的滥发已经近于疯狂。据有关资料,七七事变前夕,法币发行额为 14 亿余元,到日本投降前夕,法币发行额已达 5000 亿元。之后一发不可收拾,到民国卅六年(1947 年),法币发行额突破 16 万亿元。民国卅七年(1948 年)8 月,法币发行额竟超过 660 万亿元,等于七七事变前的 47 万倍。依照这一比率,民国卅六年(1947 年)9 月的 1 亿 5000 万元法币,只是民国廿六年(1937 年)的 319.1 元。

6.4 支票

上　图 6-26　民国十七年（1928 年）8 月华侨银行支票
（陈亚元藏品）

解读：

图 6-26 是民国十七年（1928 年）8 月 20 日华侨银行的存款户盈泰钱庄签发给同行茂成钱庄的 2000 大银（银圆）的支票。签发支票的盈泰钱庄设在港仔口（今镇邦路与升平路交界处），资本

50000 银圆;领款人茂成庄即茂成钱庄,设在恒胜街(今轮渡邮政局背后连接开元路与人和路之间的一条旧街),资本 60000 银圆。当时各家钱庄资本不一,少的几百数千银圆,多的几万十几万银圆,盈泰和茂成有五六万资本,算是比较丰厚的。

上:图7-10:劝业袋存早期柴局设置(⼀⼆北⾯⼀)

解读:

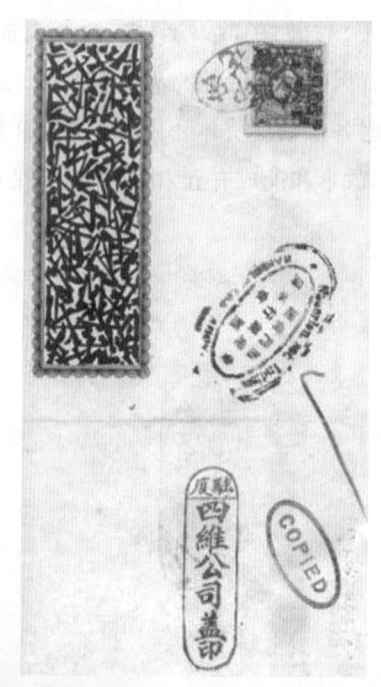

上左　图 6-27　民国廿二年（1933 年）12 月华侨银行支票正面
　　　（陈亚元藏品）
上右　图 6-28　民国廿二年（1933 年）12 月华侨银行支票背面
下　　图 6-29　图 6-28 加盖印花局部

解读：

图 6-27 和图 6-28 是宏裕商行签发给四维公司，向华侨银行领款的支票正面、背面。签发时间为民国廿二年（1933 年）12 月 21 日。此时，在"福建事变"中成立的"中华共和国人民革命政府"刚刚成立 1 个月，征收印花税时所用的印花税票系利用南京国民政府印花税票加盖。图 6-29 为该支票背面局部加盖印花部分。经仔细辨认，小小的一张印花税票上加盖了 5 行字：最上方为"印花烟酒局"5 个黑色小字，这个"印花烟酒局"是"福建人民政府"（即"中华共和国人民革命政府"）设立的专管征收印花税和烟、酒税的机构；第二行为"厦门特别市政府"7 个蓝色小字，说明收税和支票兑现的地点在厦门；第三行为"福建"2 个黑色小字；左下角为两行竖排"人民""政府"4 个黑色大字，表明"福建事变"的发动、参与者自立新政府的立场。

这张支票的签发单位宏裕商行的有关资料不详，收款单位四维公司是荷兰的一家公司，专营煤炭。厦门的四维公司设在海后滩，是最早经营煤炭的外国公司之一。

厦门岛是个能源资源十分匮乏的岛屿。清道光版《厦门志》就感叹这个岛"山皆童山，束刍尺薪，皆自外来"，意思是山上草木稀少，一把草、一截薪柴都要从岛外运进。岛民直至晚清才懂得烧煤。19 世纪下半叶，英国、荷兰的轮船开始从澳大利亚和淡水、基隆等地运进煤，厦门人称之为"土炭"。早期每年进口煤一二百吨，后来增加到二三千吨。对于煤这样一个重要物资，厦门古今的地方志均无记载，实属憾事。这张由四维公司领取的支票，唤醒了我们对于曾经是生活中不可或缺的重要物资的记忆，希望也能引起有关职能部门的注意，抓紧拾遗补漏。

支票是可以背书转让的。图 6-28 显示,四维公司收到这张支票之后,加盖了"驻厦四维公司盖印"的印章,进行了转让。印花票下方加盖的应为受让方的图章,内容为"厦门荷国安达银行图章",说明四维公司把这张支票转让给荷兰安达银行厦门分行。

6.金融类票据

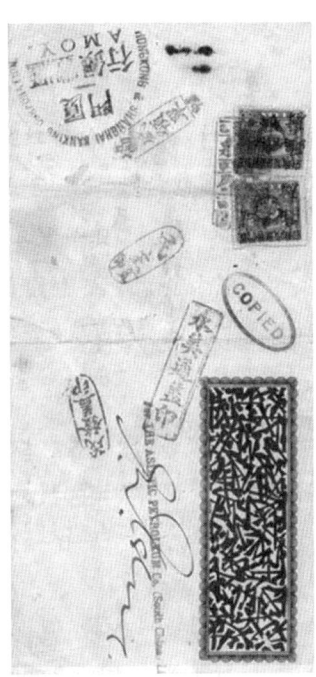

上左　图 6-30　民国廿二年（1933 年）12 月华侨银行支票正面(陈亚元藏品)
上右　图 6-31　民国廿二年（1933 年）12 月华侨银行支票背面
下　　图 6-32　图 6-31 加盖印花局部

解读：

图 6-30 与图 6-27 一样，均为民国廿二年(1933 年)12 月 17 日开具的华侨银行支票。图 6-32 为这张支票背面的印花税票局部，和图 6-29 一样，原来国民政府印花税票的地图上被加盖了横排的"厦门特别市政府"、"印花烟酒局"、"福建"（小字）和"人民政府"（竖排大字）的字样。由于"福建人民政府"存在的时间只有一个多月，这种加盖"福建""人民政府"等字样的印花税票应该是挺珍贵的。

支票的正面显示领款人为民生；支票的签发人一栏系用英文草书签名，难以辨认。领款人"民生"应为设在中山路的民生牛乳公司，支票金额为 50 大银（银圆），应该是支票签发人向民生牛乳公司缴纳一年的牛乳费。

尽管只有区区 50 大银，但支票的转让却相当热闹。支票背面的签字表明，过手这张支票的单位多达 6 家：除了华侨银行和民生牛乳公司，还有港仔口专营香烟的永美通公司，港仔口的茂发钱庄，经营糖酒、木材的泉郊协盛商行，支票背面下方中间的一行英文字显示，著名的亚细亚石油公司也有加入这张支票的转让行列。

6.金融类票据

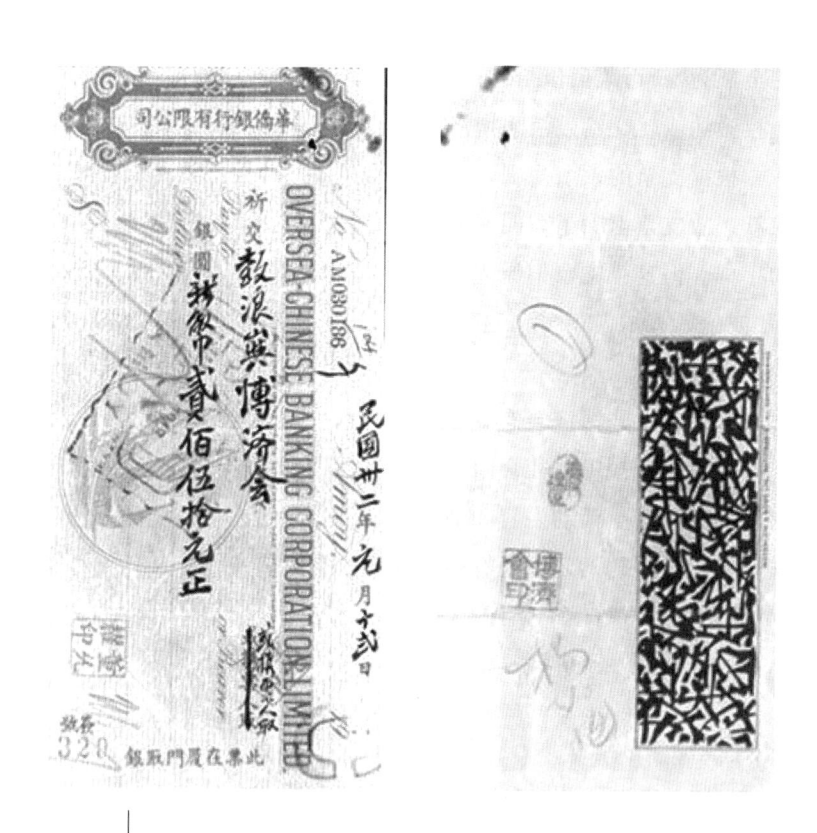

上左　图6-33　民国卅二年（1943年）1月华侨银行支票正面
（陈亚元藏品）
上右　图6-34　民国卅二年（1943年）1月华侨银行支票背面

解读：

图6-33是民国卅二年（1943年）1月12日开具的华侨银行支票。支票的签发人为董允权，收款人为鼓浪屿博济会，支票上加盖了一个浅黄色三桅帆船的图形章，应该是鼓浪屿博济会的标识。支票背面还有一个"博济会印"的四字图章，还有一个似乎是"杨火海"的模糊不清的签名，应该是领款人留下的（见图6-34）。支票

167

的金额为"新币贰佰伍拾元正",所谓"新币"即"中储券",应该是董允权缴纳或转交给鼓浪屿博济会的会费。

  根据支票的领取规则,除了特别注明之外,只需凭支票就可以取款。故支票上除了写明领款人名称之外,还印有"或携票人取"的字样。但这张支票把原先就有的"或携票人取"划掉,再另行手写"或携票人取"五个字,这一举动为这张支票的签发人平添了几分神秘的色彩。

  这个鼓浪屿博济会有标识,有图章,一笔会费就有250元,应该是具备一定规模的社会团体。目前,厦门文史界对其宗旨、成立时间、组织概况、活动内容和最终结局,完全一无所知。由此可见,文史界对鼓浪屿的研究还有很大的提升空间。

6.金融类票据

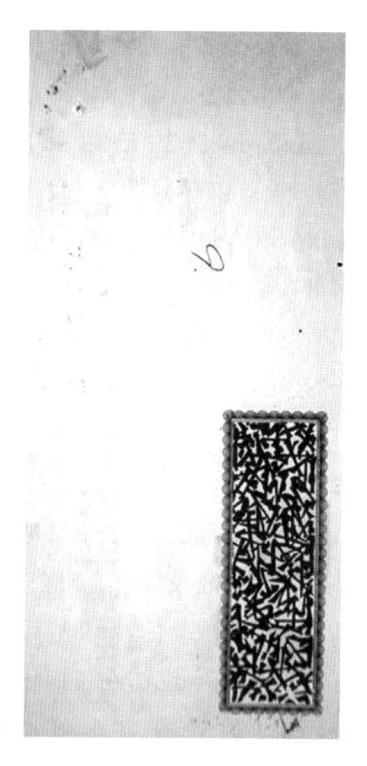

| 上左 | 图 6-35 | 民国卅六年（1947 年）7 月华侨银行胡文虎支票正面(陈亚元藏品) |
| 上右 | 图 6-36 | 民国卅六年（1947 年）7 月华侨银行胡文虎支票背面 |

解读：

图 6-35 是以大名鼎鼎的胡文虎的名义签发的一张华侨银行的支票。支票左下方与胡文虎的印章相毗连处还有两方印章：上面一方为"福建经济建设股份有限公司印"，下面一方为"何葆仁印"。胡文虎时任福建经济建设股份有限公司筹备处主任，何葆仁

169

任该筹备处秘书。支票没有写明领款单位或领款人,只是支票正上方有个不完整的印章,依稀看得出"厦门市交换转账……"的字眼。据《厦门金融志》记载,南京国民政府中央银行厦门分行从民国卅六年(1947年)1月4日起开始办理厦门市各银行票据交换及转账事宜。这笔款应该是通过该机构处理的。支票的签发时间是民国卅六年(1947年)7月5日,金额为"国币"(即法币)"壹佰壹拾万元",此时的法币已经开始进入疯狂的通货膨胀阶段,"壹佰壹拾万元"是无足轻重的一小笔款项。就在这张支票签发后一个星期的7月12日,胡文虎、王振相、黄重吉、何葆仁等人联袂在厦门正式成立的福建经济建设股份有限公司规划资金就达300亿元法币,区区110万元法币恐怕只是成立大会的茶水费罢了。

福建经济建设股份有限公司是胡文虎民国卅六年(1947年)在新加坡发起成立的,旨在战后重建、振兴福建。该公司总资本初步定为国币300亿元,在厦门正式成立时已经募得50亿元,经营范围涵盖金融、交通、工业、矿产和福建土特产等,总部设在厦门。胡文虎等华侨对发展福建经济不可谓不热心,该公司的规划不可谓不宏大。然而当时的恶性通货膨胀已经开始失控,法币的急速贬值吓退了热心的投资者。公司成立一年,50亿元法币变成不到1700元金圆券,随即形同废纸,公司也彻底破产。

代表胡文虎作为支票签发人的何葆仁是厦门禾山何厝人,10岁时南渡新加坡,接受过私塾、华文学堂教育,毕业于上海复旦大学,民国九年(1920年)赴美国深造,研究经济、政治,获博士学位,民国十四年(1925年)回国任复旦大学政治系教授。翌年受聘为新加坡华侨中学校长。先后任新加坡和丰银行及华侨银行马六甲分行经理、福建经济建设股份有限公司常务董事兼副总经理、远东银行经理等职。一生关注华文教育,热心社会服务,晚年犹任新加坡南洋女子中学董事会、禾山公会、何氏公会、同德书报社、孔教会、暨南校友会、欧美同学会、华侨俱乐部、星洲互济社等团体的名誉主席。1978年1月3日病逝于新加坡。

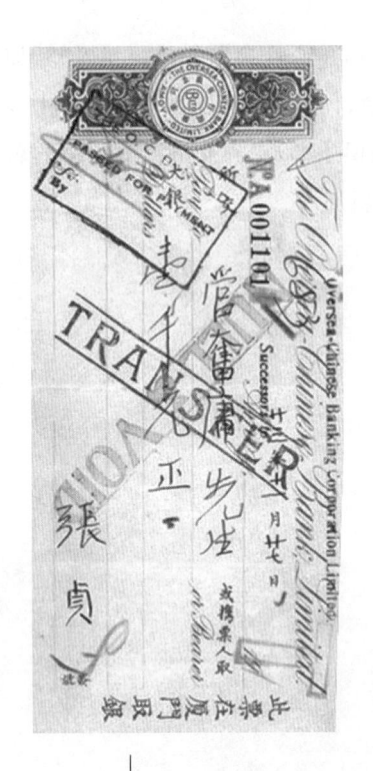

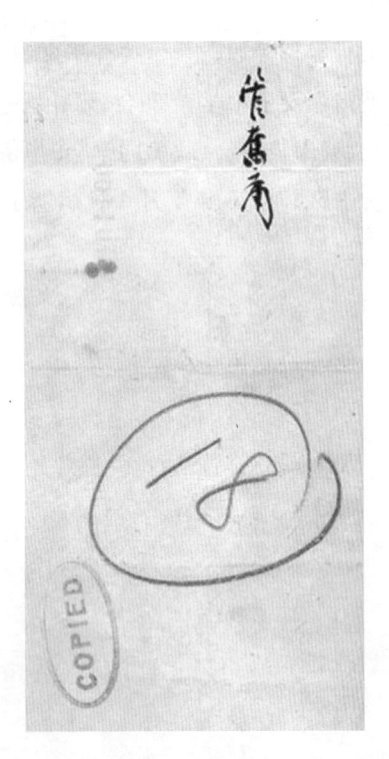

上　图 6-37　民国廿三年（1934 年）11 月华侨银行张贞支票正面、背面(陈亚元藏品)

解读：

图 6-37 是民国廿三年(1934 年)11 月张贞签发的一张华侨银行的支票。从领款人管奋庸可以推定，这个张贞就是南京国民政府的陆军上将。

张贞，福建诏安人，原名善兴，字浩然，后改名张贞，字干之。清宣统二年(1910 年)考入漳州府中学堂，为同盟会漳州支部早期会员，参加过辛亥革命、反袁世凯称帝活动。保定军校毕业后追随孙中山,曾任孙中山大元帅府中校副官,后任福建民军靖国军营长、旅长、福建自治军前敌司令。任民军头目期间,张贞频繁出入鼓浪屿,与方声涛、林祖密、林知渊等人秘密从事反对北洋军阀的活动。北伐时任国民革命军独立团团长、独立第四师师长,后任陆军暂编第一师、新编第一师、陆军第四十九师师长等职。民国十七年(1928年)1月至民国廿一年(1932年)4月率部驻扎漳泉一带,人称"闽南王",以苛捐杂税、巧取豪夺著称,老百姓不堪负担,坊间流传"张毅换张贞,捐税加二升"的民谣。但张贞驻防闽南期间,也参与境内公路建设,兴办学校和医院,选送一批学生到外国留学,为地方办了一些公益事业。签发这张支票时,张贞已经开始了其落寞失志的人生阶段。民国廿二年(1933年)5月,第四十九师被第十九路军收编,他被解除军权。同年11月,张贞以军事委员会南昌行营军事特派员身份回闽南,在诏安成立"第四讨逆军",协助平定"福建事变",但事后仍未得重用。民国廿三年(1934年)被派往东南亚慰问侨胞,因其在驻防闽南时政声欠佳,侨胞对其缺乏热情。

郁闷的张贞回国后,在鼓浪屿遇到管奋庸。管为广东大埔人,张贞在漳州中学堂读书时,管是漳汀龙师范附属小学堂学生;张贞参加漳州学生光复队参与光复福州时,管是漳州学生军,协助维持地方局势;张贞驻守漳州时,管在其辖下任漳码公安局局长。张贞为何给这位老部下签发了这张1000银圆的支票,现在尚不得而知。"福建事变"被平定后,国民革命军第八十师代替第十九路军驻防漳州,管奋庸被改任漳州城防侦缉处主任要职,应该是不缺钱的。张贞此时虽然被召回南京,出任国民政府军事委员会高级参议,民国廿六年(1937年)任广州行营中将总参议,民国廿八年

(1939年)晋升为陆军上将,但所任均系闲职。抗战胜利后,张贞退为预备役。退休后回到漳州,也常到鼓浪屿居住。他在鼓浪屿的住宅是福建路32号,电话号码412。这处住宅很有可能是用张贞签发给管奋庸的1000银圆购置的。

张贞还担任过福建"剿匪"司令,多次参加"围剿"闽西苏区和红军的战争。1949年携家眷逃到台湾,1963年病卒于台北,终年79岁。

6. 金融类票据

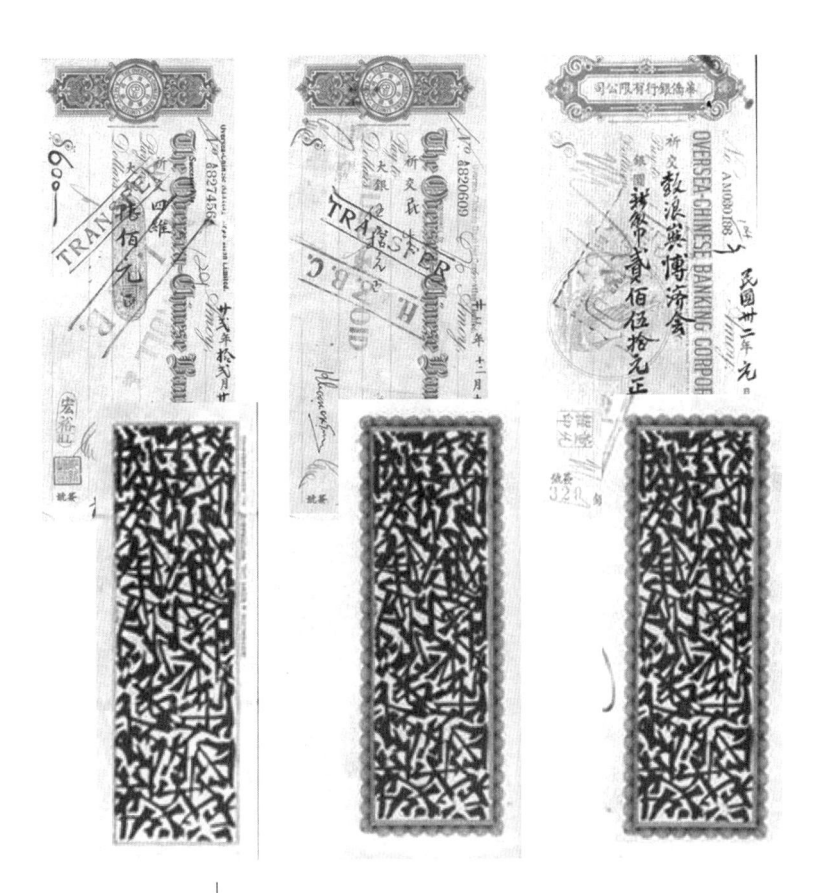

上左　图 6-38　民国廿二年（1933 年）12 月华侨银行 600 元支票背面（图 6-28）防伪条形图章（陈亚元藏品）

上中　图 6-39　民国廿二年（1933 年）12 月华侨银行 50 元支票背面（图 6-31）防伪条形图章（陈亚元藏品）

上右　图 6-40　民国卅二年（1943 年）1 月华侨银行 250 元支票背面（图 6-34）防伪条形图章（陈亚元藏品）

上 图 6-41 民国卅六年（1947 年）7 月华侨银行胡文虎支票背面（图 6-36）防伪条形图章
（陈亚元藏品）

解读：

图 6-38 至图 6-41 为华侨银行 4 张支票背面的防伪条形图章。这 4 张支票签发人分别是宏裕商行、某外籍人士、董允权和胡文虎的福建经济建设股份有限公司，领款人分别是四维公司、民生牛乳

公司、鼓浪屿博济会和中央银行的票据交换转账机构,转让人则有荷兰安达银行、永美通公司、茂发钱庄、协盛商行、亚细亚石油公司、英国汇丰银行等。这 4 个防伪条形图章究竟是属于哪一家呢?仔细辨认,可以发现这是同一个图章。这就说明,防伪条形图章的拥有者只能是与这 4 张支票均有关联的单位,即华侨银行。

图 6-7 的解读中说过,旧式钱庄为了规避假冒作伪的风险,不得不在票据上加盖种种图章。作为一个现代金融企业,华侨银行也有规避假冒作伪风险的必要,它所采用的防伪条形图章,图案纷繁复杂,足以使企图仿冒者望而却步,一个防伪条形图章就可以达到旧式钱庄多个图章的效果。这 4 张支票中最早的是民国廿二年(1933 年),说明华侨银行最迟在 1933 年就开始启用这一防伪先进技术,但似乎也有例外。图 6-37 张贞签发给管奋庸的支票也是华侨银行的,签发时间为民国卅三年(1934 年)11 月 27 日,却未曾加盖防伪条形图章,其中缘由尚有待考察。

华侨银行所使用的防伪条形图章的表现形式,实际上就是用黑白相间的某种特定的几何图形按一定规律在平面二维方向上分布的图形,堪称当下广泛使用的电子二维码的雏形。从这一方面看,许多媒体上所介绍的二维码技术始于 20 世纪 80 年代的说法或许值得商榷。

6.5　存款单

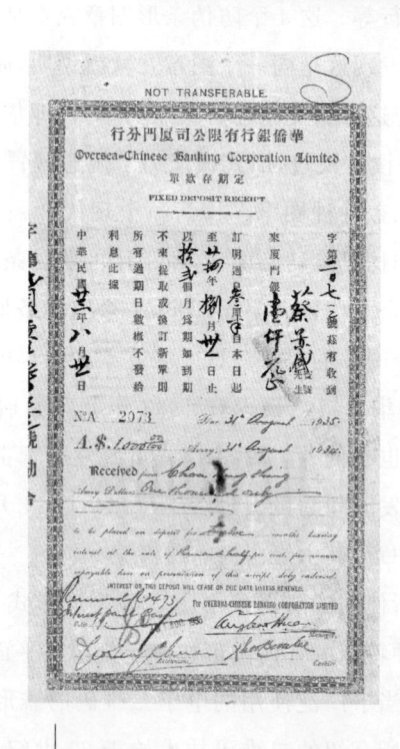

上　图 6-42　华侨银行民国廿三年（1934 年）8 月定期存款单(白桦藏品)

解读：

民国廿三年(1934 年)8 月 31 日，蔡景盛先生到华侨银行存入"厦银壹仟元整。订明周息叁厘半，自本日起至卅四年八月卅一日止，以拾贰个月为期。如到期不来提取或换新单，则所有过期日数概不发给利息"。

一年期存款周息三厘半,相当于年息18.2%。经查询,中国人民银行2018年基准利率,一年期整存整取利率为1.5%。高达18.2%的利息,对于今天的银行储户来说是难以想象的。但在民国廿三年(1934年)却一点也不奇怪,华侨银行在鼓浪屿、思明南路、百家村等处投入大量资金建造楼房,高利息是其吸纳社会资金的重要手段。

柒

彩票票据

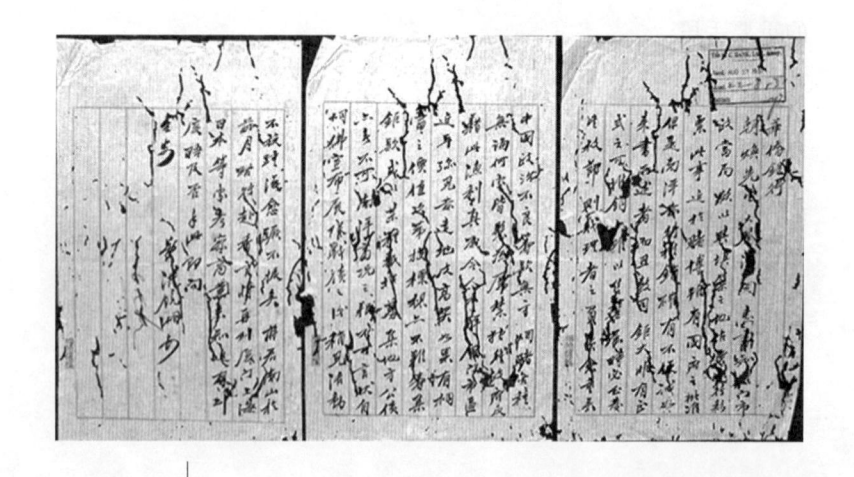

上 图7-1 民国廿年（1931年）8月新加坡洪镜湖为厦门发行彩票事致函华侨银行洪朝焕(陈亚元藏品)

图7-1内文如下：

华侨银行/朝焕先生大鉴：得阅惠书，知厦门市/政当局欲以其填筑之地估价发行彩/票。此事近于赌博，虽有国府之批准，但是南洋发行推销，确有不便诚如/来书所述者。而且数目钜大，非有正/式之所推销难以售罄。届时必至发/生枝节，则代理者之负责愈重矣。/中国政治不良，筹款无方，烟赌各种，/无论何处，皆悬为厉禁，独我政府，反/借此渔利，真欲令人不解。厦门市区/近年弥见发达,地皮高奖,如果有相/当之价值,次第投标,想亦不难筹集/钜款。或以某种抵押筹集地方公债/亦无不可。南洋商况之艰,不可言状。自/胡佛宣布展限战债之后,稍见活动。/不旋踵滋愈蹶不振矣。蒋君南山于/前月启行赴香,言将再到厦门、上海、/日本等处考察商业,未知可有到厦晤及否?手此。即问/金安/弟洪镜湖顿

解读:

　　民国十九年(1930 年),鹭江道堤岸建成后,邮政局至妈祖宫段先后发生过两次坍塌事故。堤工处聘请荷兰治港公司修复坍塌堤岸,该公司开价 200 万银圆。为了筹措资金,厦门市政当局特向国民政府提出申请,获准发行彩票 100 万元。100 万元彩票要靠一般市民通过节衣缩食省出一点钱来消化,显然是不可能的。华侨从来就是厦门城市建设资金的主要来源,发行市政建设彩票也不例外。图 7-1 便是华侨银行向新加坡咨询推销市政建设彩票可行性的答复。原信没有时间,从信函右上角所盖公文办理图章中知悉,华侨银行于民国廿年(1931 年)8 月 22 日将此信函归档保存。

　　写信者为洪镜湖,同安人,自幼出洋,与时任华侨银行总司理的陈延谦为生意上的伙伴,是新加坡同安会馆的发起人之一。洪镜湖在信中说到新加坡推销彩票"确有不便",这个"不便"其实华侨银行也知道,故洪镜湖在信中说"确有不便诚如来书所述者"。

　　这个"不便"的原因在陈嘉庚先生。众所周知,陈嘉庚一贯反对发行彩票。民国十年(1921 年)秋,厦门市政会决定开办市政奖券,筹措市政建设资金。首期厦门市政奖券总额 4 万元(银圆),每

张售小洋2角。陈嘉庚得知此事后,向市政会表示异议。他认为发行奖券无异于"大赌博","将来贻害闽南非少"。当时的2角小洋基本上可以维持贫民家庭一日的生计,主办者计划月月增加,"至数十万元",此乃"吸收全省膏血,贻祸至大,而尤以贫民为甚"。陈嘉庚还写了一篇详析彩票危害的文章,发至各报社,并印成传单,四处张贴。当时的陈嘉庚已经是著名的南洋华侨领袖,他的意见具有举足轻重的影响。市政会不得不召开董事会,重新审议并最终取消开办市政奖券的决议。民国时期厦门首次开办彩票就此胎死腹中。十年之后,厦门市政当局再次决定发行市政建设彩票,而且要到新加坡去推销,当然不能不顾及陈嘉庚的意见。洪镜湖在信中所说发行彩票"近于赌博",批评厦门市政当局此举为"政治不良""筹款无方",借赌博"渔利",均与陈嘉庚对彩票所持态度一致。

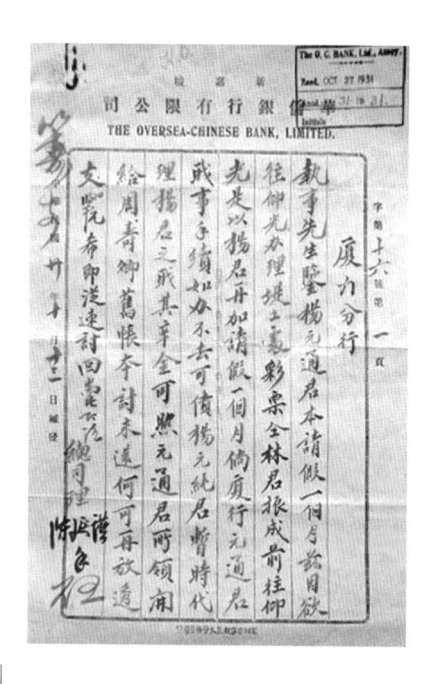

上　图 7-2　陈延谦民国廿年（1931 年）10 月为办理堤工
处彩票相关事宜致华侨银行便函（陈亚元藏品）

图 7-2 内文如下：

厦门分行/执事先生鉴：杨元通君本请假一个月。兹因欲/往仰光办理堤工处彩票，同林君振成前往仰/光。是以杨君再加请假一个月。倘厦行元通君/职事手续如办不去，可请杨元纯君暂时代理杨君之职。其辛金可照元通君所领开/给。周寿卿旧账本讨未还，何可再放透/支 3500 元（原文采用中国传统记账商码表示）？希即从速讨回。耑此。即请/筹安！/总司理陈延谦手启/中华民国廿年十月十三日

解读：

图 7-2 可以与图 7-1 相互参照解读。图 7-2 的书写人为陈延谦(参见图 4-4 解读)，时任华侨银行总司理。信函主要内容是替华侨银行职员杨元通续假一个月。根据此信函可知，民国廿年(1931年)8月收到洪镜湖先生信函后，华侨银行应该是放弃了在新加坡推销厦门市政建设彩票的计划，但厦门的彩票推销似乎照常进行。华侨银行在民国廿年(1931年)9月13日左右已经安排了职员杨元通专门从事厦门市政彩票推销工作。一个月之后的"十月十三日"，大概是因为"林振成"能打通仰光的关系，陈延谦决定派杨元通和林振成到仰光推销厦门市政彩票。这个林振成应该不是华侨银行厦门分行的工作人员，所以陈延谦的信只替杨元通续假，没有提到林振成请假和工作交接等问题。

7.彩票票据

上 图7-3 清光绪三十年（1904年）八月在厦门销售的粤东筹饷彩票(陈亚元藏品)
下 图7-4 清光绪三十年（1904年）八月在厦门销售的粤东筹饷彩票背面

解读：

历史上，厦门的彩票曾经兴盛一时。清光绪二十九年（1903年）九月出版的《鹭江报》第四十七册就曾报道说，"厦门岛向多售卖彩票"。此前厦门售卖的彩票主要有吕宋票、江南义赈票、湖北签捐票等，都是外地发行的。

清宣统二年（1910年）4月江苏咨议局发起禁绝彩票时，曾点名要求6个地方停止在江苏辖区（当时包括上海）销售彩票，其中之一便是厦门，可见厦门的彩票在当时就颇具影响。辛亥革命之后，孙中山制定的《中华民国临时约法》也禁止在全国发行彩票。但由于民国政府缺乏对各地军阀的控制力，彩票又逐渐兴起。这些彩票有的是各地军阀为了筹措经费、军饷开办的，也有为了赈灾、兴办实业而发行。图7-3为清光绪三十年（1904年）发售的广东省粤东筹饷彩票，即清朝广东地方官员为了筹措军饷而开办的彩票。从该彩票的正面图案和文字以及背面文字和加盖印章（图7-4）所写文字可以得知，粤东筹饷彩票由粤东筹饷恒丰公司发行，本期于"光绪三十年八月十一日开"，为"第五年第三会票壹万号"，本票由开设在厦门斗美街（即岛尾街，今镇邦路靠近中山路路段）的协兴昌商号内设华记票行售出。粤东筹饷彩票每月一期，每期销售额10万银圆。以10圆为一个计奖单位，共发行1万号彩票，其中1元一则（票）、10则（票）连为一号的7000号，2毫（相当于2角）一则（票）、50则（票）连为一号的3000号，彩民可以根据自己的财力自行选择购买。共设882号获奖彩票，中奖率8.82%。设头奖1号，得奖4万圆；二奖1号，得奖5000圆；三奖1号，得奖3000圆；四奖1号，得奖1000圆；五奖2号，各得奖500圆；六奖10号，各得奖100圆；七奖40号，各得奖50圆；末奖523号，各得奖 30 圆。另设 297 号尾数与一、二、三奖相同奖,各得 30 圆;头奖左右傍票各得 400 圆;二奖左右傍票各得 200 圆;三奖左右傍票各得 100 圆。总奖金 79000 圆,返还率高达 79%。图 7-4 为每则售价 2 毫、50 则连为一号售价 10 圆的第 01482 号第 15、16 则彩票,开奖时间为清光绪三十年(1904 年)八月十一日。

上　图7-5　清光绪三十年（1904年）八月在厦门销售的粤东筹饷彩票替代券(陈亚元藏品)

解读：

图7-5是与粤东筹饷彩票相对应的一种广东彩票，因为此票的开彩日期与粤东筹饷彩票的开彩日期同为"八月十一日"。以前曾将此票与粤东筹饷彩票混为一谈，看来有误。粤东筹饷彩票为机器印制的精致印刷品，正、背两面印有完整的号码系统、中英文兑奖须知、奖项设计、办理公司等众多说明；而图7-5这件广东彩票却是纯手工粗印、填写而成，用纸也非常随便，号码则用中国传统记账商码填写，与正规的粤东筹饷彩票根本不可同日而语。如图7-5，底图用红色印章加盖，内容为"　月　日开彩/　彩票　则号/芳荣发售"，具体日期及售出彩票数量、号码则用黑色墨笔填写。经过墨笔填写，便成为"捌月十一日开彩/广东彩票二则8212

(原件用中国传统记账商码表示)号/芳荣发售"。这张彩票未具备正规发行彩票的多种必备因素,应该是民间借用正规发售彩票的开奖时间、中奖号码私自发售的。这种民间非法私彩的奖项设置全凭发售方与购票者口头协定。图 7-5 系借用广东粤东筹饷彩票第五年第三会的开奖时间(见图 7-3),当年八月十一日粤东筹饷彩票开奖时,如果中奖号码有"8212"号,芳荣则必须按照事先口头议定的金额发给购票者彩金。笔者曾在某拍卖网上见过另一张"荣芳发售"的"广东彩票",系与粤东筹饷彩票"第四年第拾贰会"同期发售,开彩时间为"光绪三十年伍月拾叁日"(见图 7-6)。这种做法至今在民间尚有流行。个别违法者利用正规福彩或体彩的开奖时间、中奖号码,私设奖项,非法经营私彩,其做法与芳荣的"广东彩票"大致相同。

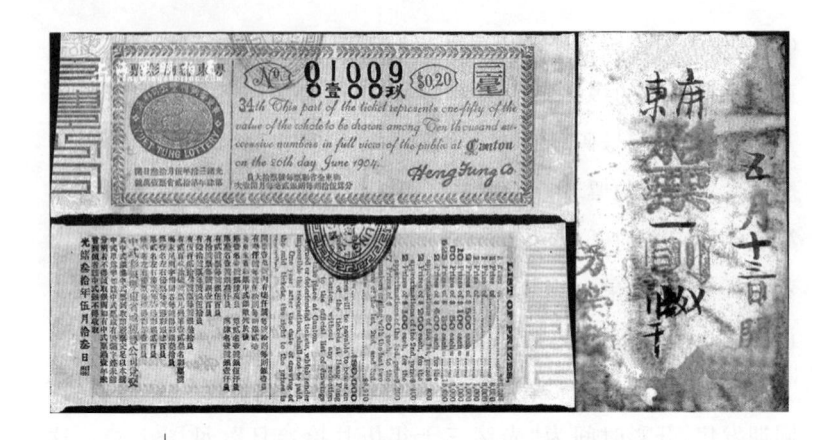

上　图 7-6　同日开彩的粤东筹饷彩票与芳荣发售的广东彩票
（网址：yangmingauction.com，访问时间：2017 年 12 月 22 日 13:40）

解读：

　　上图左侧为"第肆年第拾贰会"粤东筹饷彩票，下方最后一行为"光绪三十年伍月拾叁日开"；右侧为"广东彩票一则 2794（原件用中国传统记账商码表示）号"，由"芳荣发售"，也是"五月十三日开彩"。

7. 彩票票据

上左　图7-7　劝业银行民国廿九年（1940年）5月发行第1期奖券(陈亚元藏品)
上右　图7-8　劝业银行发行的部分奖券(陈亚元藏品)
下　　图7-9　劝业银行民国卅一年（1942年）12月发行的第14期奖券(陈亚元藏品)

解读：

厦门沦陷期间，商业极不景气。为了营造气氛，劝业银行于民国廿九年（1940年）在厦门发行彩票。如前所述，孙中山制定的《中华民国临时约法》禁止发行彩票，汪伪政权为了标榜自己尊崇

191

孙中山,将彩票改称奖券,劝业银行发行的彩票称劝业奖券。民国廿九年(1940年)5月1日,第1期开奖。图7-7、图7-8为劝业银行发行的部分奖券。目前发现的该行发行的奖券最迟为第14期,民国卅一年(1942年)12月15日开奖,由此推断劝业奖券只举办14期就停止了。

上　图 7-10　劝业奖券早期奖项设置(陈亚元藏品)

解读：

早期劝业奖券每张售洋 2 元，分作 10 格，每格售洋 2 角，两个月发行一期，每期发行 1 万张，设有 17 等奖级：头奖 1 张独得 5000 元，二奖 1 张独得 1000 元，三奖 2 张各得 500 元，四奖 2 张各得 300 元,五奖 2 张各得 150 元,六奖 3 张各得 100 元,七奖 4 张各得 60 元,八奖 5 张各得 40 元,九奖 5 张各得 20 元,十奖 15 张各得 15 元;另设头奖上下号 2 张附奖各得 100 元,二奖上下号 2 张附奖各得 50 元,三奖上下号 4 张附奖各得 30 元,四奖上下号 4 张附奖各得 20 元,五奖上下号 4 张附奖各得 10 元;头奖末尾二字相同 99 张各得 3 元,头奖末尾一字相同 999 张各得 2 元。共设 1154 张有奖券,中奖率 11.54%;返还奖金总数 11800 元,返还率 59%。

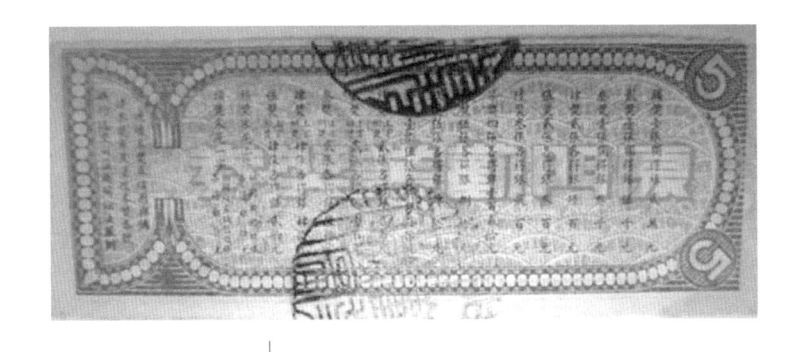

上　图7-11　劝业奖券早期奖项设置(陈亚元藏品)

解读：

对比图7-3广东粤东筹饷彩票高达79%的返还率,劝业奖券59%的返还率显然是太低了。民国卅年(1941年)12月开始改为3个月一期,每期总金额提高到5万元,发行量1万张,每张分为10格,每格售价5角,仍设17等奖级:头奖1张独得20000元,二奖1张独得5000元,三奖1张独得3000元,四奖2张各得600元,五奖2张各得300元,六奖3张各得200元,七奖4张各得120元,八奖5张各得80元,九奖5张各得40元,十奖15张各得30元;另设头奖上下号2张附奖各得200元,二奖上下号2张附奖各得100元,三奖上下号4张附奖各得60元,四奖上下号4张附奖各得40元,五奖上下号4张附奖各得20元;头奖末尾二字相同99张各得10元,头奖末尾一字相同999张各得5元。中奖率还是11.54%,但奖金返还率提高至77.75%。尽管如此,由于太平洋战争爆发后日伪控制下的厦门地区经济状况日益恶化,劝业奖券得不到经济支持,奖金额提高之后勉强维持了4期,就寿终正寝了。

上左　图7-12　泰美金记代销劝业奖券手续费领收证(陈亚元藏品)

上中　图7-13　丰源银庄代销劝业奖券手续费领收证(陈亚元藏品)

上右　图7-14　财政局许松柏代销劝业奖券手续费领收证(陈亚元藏品)

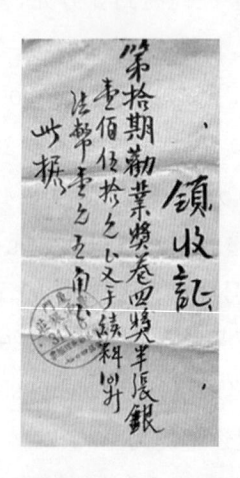

上左　图7-15　兴南俱乐部代销劝业奖券手续费领收证(陈亚元藏品)

上中　图7-16　丰源银庄代销劝业奖券手续费领收证(陈亚元藏品)

上右　图7-17　胜丰汇兑银庄代销劝业奖券手续费领收证(陈亚元藏品)

图 7-12 内文如下：

领收证/经领第　期中奖红票拾张　格，计银贰拾元，"一〇一升"/收贴水来法/币〇元贰角正/厦门劝业银行奖券发行处/泰美金记/三十年十一月二十一日

图 7-13 内文如下：

领收证/兹经领得奖红卷（应为券）得奖金叁佰陆拾元正/又手续费"一〇一升"法币叁元陆角正/劝业奖券总发行所照/厦门丰源银庄/三十年十二月一日

图 7-14 内文如下：

兹收到贵行代销第十期奖券得中头彩 9337 号之奖金国/币贰佰元正。此据/劝业银行台照/财政局许松柏条/十二月二十三日

图 7-15 内文如下：

兹收到第十期代售/劝业奖券三奖红利四（应为肆）拾元/卅、十二、廿三、/兴南俱乐部总务处

图 7-16 内文如下：

领收证/第十期劝业奖券四奖半张银/壹佰伍拾元正。又手续费"一〇一升"/法币壹元伍角正/此据/厦门丰源银庄

图7-17内文如下:

请领/贵行奖券红券计国币贰拾伍元贰角正。"壹零壹升"计红券水国币贰角伍分正。此致/劝业银行奖券部台照/胜丰庄/厦门胜丰汇兑银庄(图章)/卅年十二月卅日

解读:

图7-12至图7-17为劝业奖券代销机构或个人领取"红券",即中奖彩票奖励金的单据。原件中"一〇一升"的"升"字原为类似"升"字行草书体的图案,此处用"升"字表示。"一〇一升"原为金融界表示汇水的专用术语,此处表示以100点为计算基数,加送1个点数,即1%的意思。图7-17的"壹零壹升"即"一〇一升"。代销机构或个人代销的奖券若有中奖,该机构或个人可以获得奖金总额1%的奖励。依照奖券兑现的规则,中奖小额奖券由代销机构或个人即时兑付,再向劝业银行领取。因此,正常的领收字据应该包含中奖奖券票面金额和1%的奖励金,如图7-12、图7-13、图7-16和图7-17。而图7-14和图7-15就显得不正常,两张收据都没有提到"一〇一升"这个奖励的比例,显然不是一时糊涂。图7-14称领取"代销第十期奖券头彩9337号之奖金国币贰佰元正",查第十期设置"头奖一张独得银5000元",1%的奖金为50元,何来200元之多?领取这200元奖金的为财政局工作人员,莫非其中有诈?图7-15称"收到第十期代售劝业奖券三奖红利肆拾元",

第十期设置"三奖二张各得银500元",按奖励1‰的标准,如果2张三奖全得,奖金为10元,如果仅得1张,奖金仅有5元,与40元相差甚多。这40元的领取者为兴南俱乐部总务处,这个俱乐部位于水仙路,为日据时期敌伪高级人员频频出入之所,其中是否也有猫腻?

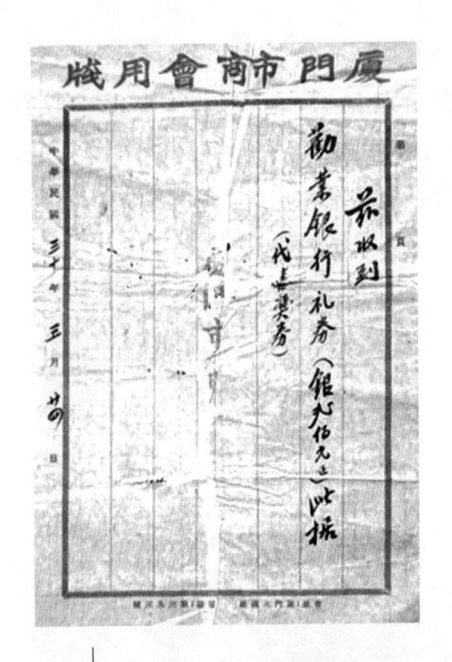

上　图7-18　伪厦门市商会代销劝业奖券手续费
　　　　　收据
(陈亚元藏品)

图7-18内文如下：

兹收到/劝业银行礼券(银贰佰元正)/(代售奖券)/厦门市商会/中华民国三十年三月二十四日。

解读：

从组织机构方面说，伪厦门市商会是包括劝业银行在内的各种行业企业的亦官亦商的社会团体。它帮助劝业银行推销奖券似乎是应该的，但同一般推销点一样领取劝业银行的奖券推销费，就似乎有降低身份之嫌。为了避免出现这一尴尬情况,劝业银行改用发给"礼券"的形式。即便不是直接领取钞票,也需要写张收条。伪厦门市商会的这张收条写得着实有点扭扭捏捏。先写了一行"兹收到劝业银行礼券",但"礼券"毕竟是有价票券,只好在后面加了个说明,"(银贰佰元正)此据"。但劝业银行的"礼券"是不能白送的呀,于是又加了括号用于说明,此"礼券"是因为"(代售奖券)"所得。最终,连经手人的姓名也不敢留下。

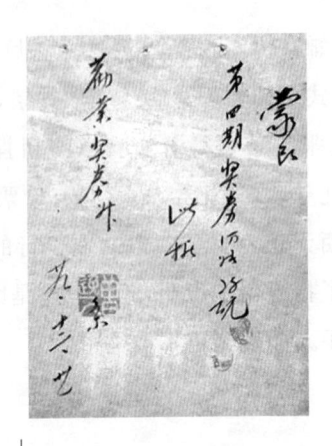

上 图7-19 劝业银行民国廿九年（1940年）12月第4期奖券代销收据(陈亚元藏品)

解读：

对于彩票经营的内幕，行外人是很难搞清楚的。如前述粤东筹饷彩票，根据其公布的奖项设置，奖金返还率高达79%，如果加上销售费用，岂不是所剩无几了吗？早期劝业奖券的奖金返还率为59%，它的销售费用是多少呢？图7-19显示，这位名为曾逸万的奖券代销商承包了第4期劝业奖券的销售，他拿到手的是奖券1万张，金额却是25000元（原件用中国传统记账商码表示）。劝业奖券在第10期之前每期发行1万张，每张售价2元，每张分作10格，每格售价2角，总金额为2万元。显然曾逸云拿到手的25000元中，5000元应该是销售费用。这一来，劝业银行销售一期奖券，返还奖金、"一〇一升"奖励加上销售费用就占85%左右，所得约3000元。第11期开始，总金额增至5万元，奖金返还率提高到77.75%，假如销售费用还维持在5000元，扣除"一〇一升"奖励，劝业银行每期所得在5600元左右。

7. 彩票票据

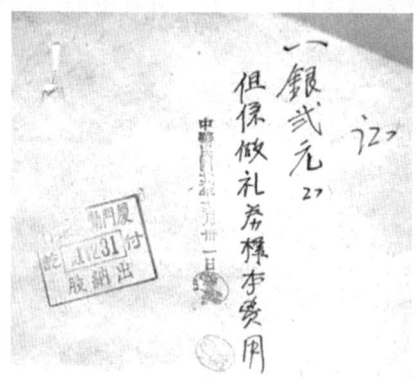

上左　图 7-20　劝业银行民国卅二年（1943 年）2 月 8 日兑付的填写式 200 圆礼券(陈亚元藏品)

上右　图 7-21　劝业银行民国卅三年（1944 年）5 月 30 日兑付的 6 圆面值礼券(陈亚元藏品)

下　图 7-22　劝业银行民国廿九年（1940 年）制作礼券样本费用收据(陈亚元藏品)

解读：

所谓"礼券"，是劝业银行发行的一种带有储蓄性质的有价票券，以礼为名，实则有利，可以当作支票使用。有 2 圆、4 圆、6 圆、8 圆、10 圆、20 圆等 6 种固定面值，还有无固定面值的填写式礼券，可根据需要填写。图 7-20 为填写式礼券，图 7-21 为 6 圆面值礼券。图 7-22 为劝业银行支付制作礼券样品费用的收据，支付时间为民国廿九年（1940 年）12 月 31 日，说明礼券发行当在民国卅年（1941 年）。这种礼券表面上注明"今由来人存到"，似乎是一种储蓄券，实际上是劝业银行发行的有价证券，可以用于市面流通。如图 7-18 所揭示，劝业银行只要在一张填写式礼券上填上"新法币贰佰圆"，就可以当作钞票支付给伪厦门市商会。这种礼券，实际上是日伪当局实行经济侵略、搜刮百姓钱财的一种隐秘手段。

捌

水 电 票 据

8.1 水费票据

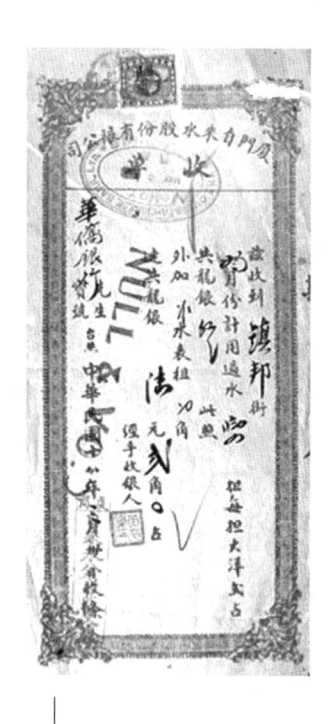

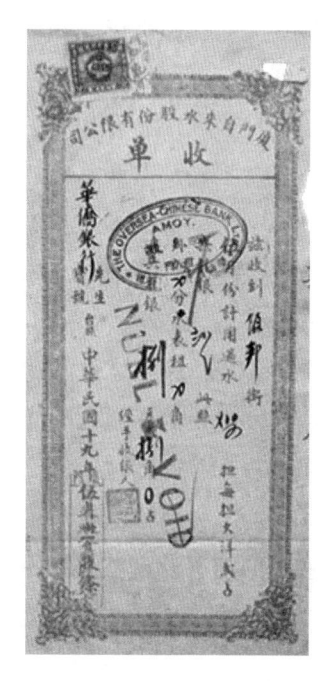

上左　图 8-1　厦门自来水股份有限公司民国十八年（1929 年）
3 月收费单(陈亚元藏品)

上右　图 8-2　厦门自来水股份有限公司民国十九年（1930 年）
5 月收费单(陈亚元藏品)

解读：

厦门历史上是个水源奇缺的海岛。滨海居民用水大都靠海澄（今龙海市、海沧区）水船运来，水船大都停靠今厦禾路南端的码头，往昔潮满船到之时，码头上水桶成列，人头攒动，该地段（今鹭江道连通开禾路的路段）被称为担水巷流传至今。据老辈人说，用银两、铜镭时期，一担水要四五十片铜板；用银圆、银角子时期，一担水要四五占（十占等于一角）。如遇到大旱，或海上起风浪导致水船减少，一担水要按一担半甚至两担计费。民国十年（1921年），黄奕住、黄世金等发起组建厦门自来水有限公司，筹建自来水厂；民国十五年（1926年）11月开始供水，厦门市民用水虽不宽裕，但可以说基本满足需求。图8-1显示，民国十八年（1929年）3月，位于镇邦街的华侨银行用水280担，每担2占，计水费龙银5元6角（数字未引用原文者原件均使用中国传统记账商码，下同），加上水表租金6角，共交款"龙银陆元贰角"；民国十九年（1930年）5月，用水410担，每担2占，计水费龙银8元2角，加上水表租金6角，共交款"龙银捌元捌角"。厦门自来水股份有限公司一担自来水售价2占，大约是海澄水船水价的一半，而且还是经过消毒处理的净水。为了方便拉不起水管、装不起水表的市民，自来水公司还在一些公共场所设置售水处，每担售价1占半。

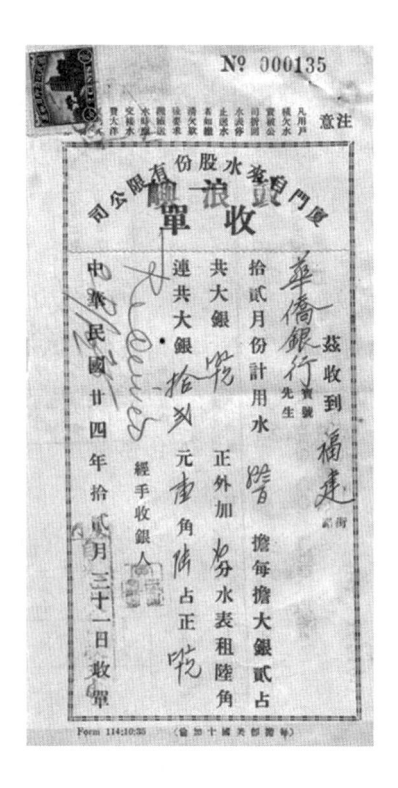

上　图 8-3　厦门自来水股份有限公司民国廿四年（1935 年）12 月收费单(陈亚元藏品)

解读：

　　清道光二十一年（1841 年）之前，鼓浪屿人口稀少，用水靠天然降水和泉水。岛上有拂净泉，水质甜美，为过往船只取水之处，亦有人用小船运送泉水到厦门出售。厦门正式开埠之后，屿内人口渐增。工部局管理时期曾规定新建房屋均须凿井或建造储水设施，以解决用水问题。但因屿内地下水储量有限，居民用水仍十分困难。厦门自来水股份有限公司于民国十九年（1930 年）在厦、鼓海滨建造放水、抽水码头,购置运水船,将自来水运到鼓浪屿,在梨仔园、日光岩建造低位、高位蓄水池,安装抽水、输水管道,民国廿一年(1932年)正式向屿内住户供水。图8-3为华侨银行在鼓浪屿福建路的行舍民国廿四年(1935年)12月的水费单:用水578担,每担银2占,外加水表租金6角,总计缴费12元1角6分。1担水究竟有多重?以前有120市斤(500克为1市斤)、100市斤、80市斤诸说,民国卅一年(1942年)出版的《厦门指南》则称1担约62市斤。看来诸说均有失准确。图8-3单据下方加印了一个说明:"每担即美国十加仑。"美制1加仑相当于3.785升,1加仑水重3.785千克,故厦门自来水股份有限公司的1担水重37.85千克,即75.7市斤。这是这张鼓浪屿自来水收费单提供的最为准确的数据。

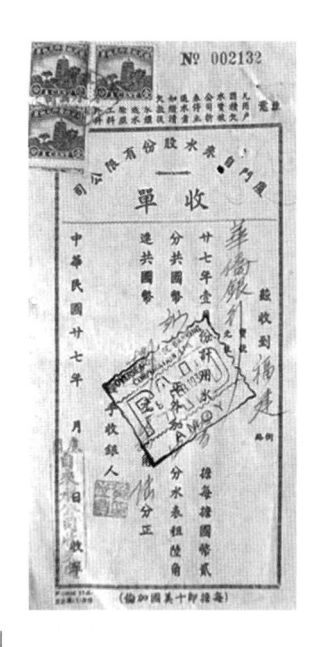

上　图 8-4　厦门自来水股份有限公司民国廿七年
（1938 年）1 月收费单(陈亚元藏品)

解读：

图 8-4 显示，民国廿七年（1938 年）1 月自来水收费已经使用国币（即法币），此时的国币与银圆同值，只是角的下一级辅币由"占"改为分，1 担水售价为国币 2 分。位于鼓浪屿福建路的华侨银行行舍本月用水 408 担，水费 8 元 1 角 6 分，加上水表租金 6 角，共计缴费 8 元 7 角 6 分。这张收费单有一个不正常的地方：按照国民政府颁布的《印花税法》，本收费单金额 8 元 7 角 6 分，在 10 元之下，应与图 8-1、图 8-2 一样，加贴 1 分印花税；图 8-3 收费金额 12 元 1 角 6 占，超过 10 元，所以加贴 2 分印花税。然而本收费单金额不到 10 元，所贴印花税却是 3 分，不知是何缘由。

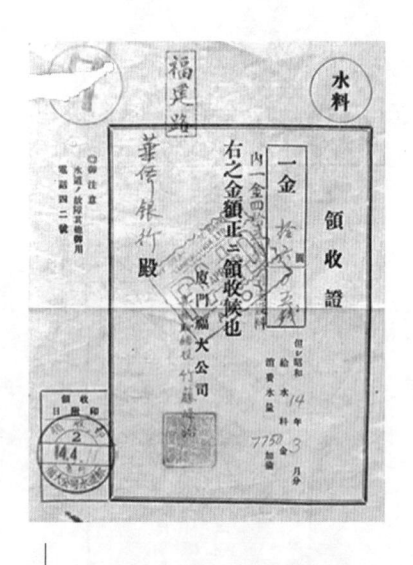

上　图8-5　厦门福大公司民国廿八年（1939年）3月水费领收证(陈亚元藏品)

解读：

图8-5为日据时期的水费收据，时间为昭和十四年，即民国廿八年（1939年）3月。此时，日本侵略军霸占了厦门的包括自来水股份有限公司在内的所有中国企业，统归"厦门福大公司"，由日本人竹藤峰治总管，自来水股份有限公司成为"厦门福大公司"下属"水道部"。本收据显示，华侨银行在鼓浪屿福建路的行舍民国廿八年（1939年）3月用水7750加仑，折合775担，总收费"十六圆零五钱"，平均每担售价0.021圆。收费使用币种是日本侵略军强迫使用的所谓"日本军用票"，称为圆，100钱折合1圆，与法币1元等值。华侨银行民国廿八年（1939年）3月用水高达775担，应该与此时鼓浪屿聚集大批难民，该行参与安置难民有关。

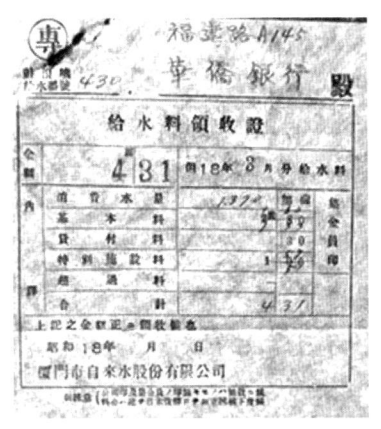

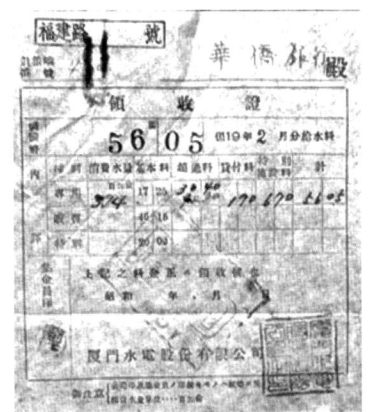

上左　图 8-6　厦门市自来水股份有限公司民国卅二年（1943 年）3 月收费单(陈亚元藏品)

上右　图 8-7　厦门水电股份有限公司民国卅三年（1944 年）2 月收费单(陈亚元藏品)

解读：

图 8-6 和图 8-7 是民国卅二年（1943 年）、卅三年（1944 年）厦门自来水费的收费单。此时，汪伪厦门特别市政府已经成立，民国卅二年（1943 年）3 月，厦门福大公司水道部已改为"厦门市自来水股份有限公司"（见图 8-6），民国卅三年（1944 年）2 月又并入"厦门水电股份有限公司"，但两张水费收费单使用的仍旧是日本的昭和年号，单据名称仍按照日本习惯称"领收证"，计费方法仍旧是日本的那一套，收费使用的币种还是日元。种种细节表明自来水公司实际上还是掌握在日本侵略军手中。从收费情况来看，民国卅二年（1943 年）3 月用水 1370 加仑，折合 137 担，总收费 4.31 圆（见图 8-6），平均每担售价约 0.03 圆。本月用水减至 137 担，与日

伪当局取缔难民营有关。民国卅三年(1944年)2月用水374加仑,折合37.4担,总收费56.05圆(见图8-7),平均每担售价为1.5圆,为一年前的50倍。本月用水仅有37.4担,与华侨银行因业务清淡处于基本停业的状况有关。水价飙升则是日本侵略者处于溃败前夕,加大搜刮力度的体现。

8. 水电票据

上　图 8-8　厦门自来水有限公司民国卅四年（1945 年）
　　　　　12 月通知单(陈亚元藏品)

下　图 8-9　厦门自来水有限公司民国卅五年（1946 年）
　　　　　5 月通知单(陈亚元藏品)

解读：

图 8-8 和图 8-9 是两张用水量通知单。民国卅四年（1945 年）8 月 15 日，日本宣布无条件投降。当年 10 月 3 日，南京国民政府所属厦门市政府正式进驻厦门，随后，南京国民政府的军、政部门先后成立接管机构，全面接管日伪统治厦门时期的军政、经济部门，包括自来水厂在内的厦门水电股份有限公司即在接管之列。接管之后，供水部分被称为厦门自来水有限公司，成为官办企业。原厦门自来水股份有限公司的股东随即提出异议：厦门水电股份有限公司是日本侵略军霸占民产改名的，理应归还原主。官司打到南京国民政府，在原厦门自来水股份有限公司上送了一系列原始证明材料之后，恢复了厦门自来水股份有限公司的商办身份，但那已经是一年之后的事情了。图 8-8 和图 8-9 便是厦门自来水股份有限公司向南京国民政府讨回原产期间的产物。单据上方的单位称"厦门自来水有限公司"，因为是官办的，所以没有"股份"二字；但因为产权存在纠纷，水费归哪一方收取尚待确定，故只通知相关月份的用水量，应交金额暂不提及。

尽管只是用水量通知单，但从两张单据还是可以看出一些问题。华侨银行在鼓浪屿福建路的行舍民国卅四年（1945 年）12 月用水量达 5780 加仑，折合 578 担，应是业务复兴且在厦门新建营业大楼导致人员激增，故用水量大增。民国卅五年（1946 年）5 月用水量为 3610 加仑（见图 8-9），折合 361 担，恢复到正常水平（参见图 8-3、图 8-4）。

又，图 8-5 显示，直至民国卅五年（1946 年）5 月，厦门自来水的价格为"每千加仑贰元"，也就是每担（10 加仑）2 分。民国十八年（1929 年）每担水售"龙银贰占"（见图 8-1），民国廿七年（1938

年)每担水售"国币贰分",时至民国卅五年(1946年),物价指数比战前上涨了近4470倍,水价还维持在"每千加仑贰元"即每担2分的水平上,这无论如何是难以叫人相信的。但图8-8和图8-9只是写明华侨银行在相关的两个月份的用水量,虽然有"每千加仑贰元"的说明,但通知单上并没有写明应该缴纳多少钱。所以,这一时期的水价是否还是每担2分,还有待考察。

8.2 鼓浪屿电费票据

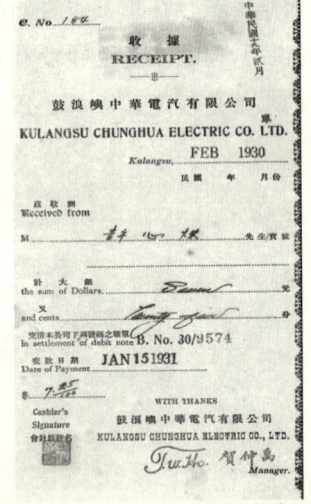

上左 图 8-10 民国廿年（1931年）1月鼓浪屿中华电汽有限公司电费收据1（白桦藏品）

上右 图 8-11 民国廿年（1931年）1月鼓浪屿中华电汽有限公司电费收据2（白桦藏品）

下左 图 8-12 民国廿年（1931年）1月鼓浪屿中华电汽有限公司电费收据3（陈亚元藏品）

解读：

民国二年(1913年)，英商韦仁洋行与鼓浪屿工部局订立为期25年的合约，在鼓浪屿创办电灯公司，同年9月10日开始送电。民国十年(1921年)，韦仁洋行倒闭，将电灯公司转让给英商礼昌洋行。民国十七年(1928年)合约到期之前，鼓浪屿工部局和洋人纳税者会多次就续办电厂问题进行讨论，并举办过两次招投标，均未有结果。后鼓浪屿洋人纳税者会议决成立"八人小组"负责处理这一问题。经"八人小组"与各方协议商定，吴义治、陈文良、王清辉等华人集资成立鼓浪屿中华电汽有限公司，接办鼓浪屿电厂。图8-10至图8-12是鼓浪屿中华电汽有限公司开具的电费收据。

三张收据的交款日期都是"JAN 15 1931"即民国廿年(1931年)1月15日，但是，图8-10缴纳的是"NOV 30 1929"即1929年11月30日通知缴纳的"中华民国十八年11月"的电费，滞纳时间长达14个月；图8-11缴纳的是"FEB 1930"即1930年2月通知缴纳的"中华民国十九年2月"的电费，滞纳时间长达11个月；图8-12缴纳的是"APR 1930"即1930年4月通知缴纳的"中华民国十九年4月"的电费，滞纳时间也有9个月。可见在民国廿年(1931年)1月之前，鼓浪屿中华电汽有限公司的管理是存在问题的。

该公司成立之时的经理是林芳苑，而民国廿年(1931年)1月开具的三张收据显示经理已经易人。这三张收据上经理签字处的印章显示，此时的经理为"T.ur.Ho.贺仲禹"，印章前部的字母为"贺仲禹"的厦门话罗马字。

在网络上以及个别纪实文学作品中，贺仲禹被泼了许多盆污水，被形容为"长辫子""漏风嘴""老眼浑浊乜斜""走路八字步"的"老朽""迷信"的"老秀才"。这实在是冤枉了贺仲禹。贺仲禹，字仙舫,惠安人,幼时在老家教会学校读书,稍长到鼓浪屿澄碧书院(寻源书院的前身之一)求学。20世纪二三十年代的贺仲禹已经是鼓浪屿学兼中西、才华横溢的年轻学者,他担任英华书院、鼓浪屿女子师范、厦门双十中学等多家学校的国文教师,身兼基督教厦门教区《道南日报》总编辑,有多种著述,是鼓浪屿华人议事会首届议员。他在民国廿年(1931年)担任鼓浪屿中华电汽有限公司经理是首次发现,填补了贺仲禹履历的空白,同时也丰富了后人对这位先贤的才华的认识。从这三张由贺仲禹签章的补收历年欠缴电费的收据来看,贺仲禹出任鼓浪屿中华电汽有限公司经理后,还是做出了一些成绩的。

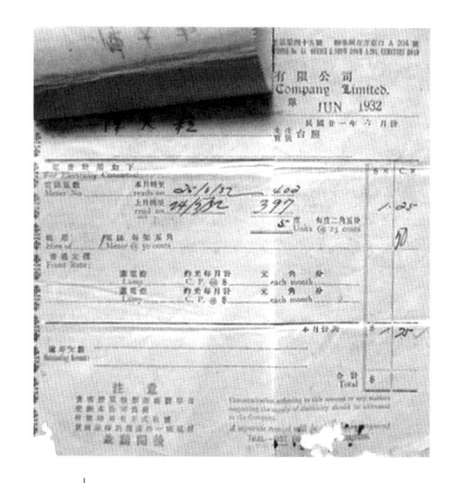

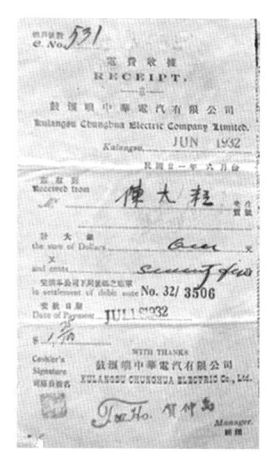

上左　图 8-13　民国廿一年（1932 年）6 月鼓浪屿中华电汽有限公司电费通知单(陈亚元藏品)

上右　图 8-14　民国廿一年（1932 年）6 月鼓浪屿中华电汽有限公司电费收据(陈亚元藏品)

解读：

　　图 8-13 和图 8-14 是贺仲禹任鼓浪屿中华电汽有限公司经理时期完整的一套电费收缴单据。图 8-13 为通知单，主要内容有：用电时间（月份）、上月电表读数、本月电表读数、本月实际用电数量、每月需缴纳电表租金伍角、每度电二角五分等。通知单还用红色中、英文印上"注意"事项："贵客接单后祈将银数早日交纳本公司为荷/付款时另有正式发票/货银除特别商议外一律现付。"图 8-14 为"电费收据"，即图 8-13"注意"事项中所说的"正式发票"。图 8-14 显示，图 8-13 通知单通知的用户陈大粒民国廿一年（1931年）6 月应付电费"大银"即银圆 1 元 75 分，在当年 7 月 18 日交清，说明电费收缴已处于正常状况。

图 8-15　民国廿四年（1935 年）9 月鼓浪屿中华电气有限公司电费单据(陈亚元藏品)

解读：

图 8-15 显示，民国廿四年（1935 年）9 月的鼓浪屿中华电气有限公司发生了两个变化——这些变化不一定始于民国廿四年（1935 年）9 月：

一是公司的名称中"电气"代替了"电汽"。从一开始接触到这家公司的票据，公司名称中的"电汽"二字就使人觉得十分别扭。无论查找什么字典、词典，"汽"都是与液体或固体转化成的气体有关，"气"则指无形且能自由传播的物质。词典中找不到"电汽"一词，而与电力相关的一定称"电气"。但鼓浪屿这家电力公司成立伊始就称"电汽公司"(参见图 8-10 至图 8-14)。图 8-15 总算让世人看到这家公司自我纠错的能力。

二是公司的经理再次易人。贺仲禹离职时间目前尚不可考,但图 8-15 这份票据开具之时即民国廿四年(1935 年)9 月,经理签名处已经出现一个外国人的花押。外国人没有使用印章的传统,通常习惯于用令人难以辨认的花押来保障签名的不可替代性。因此,除了知道这位替代贺仲禹的经理是外国人之外,关于这位外国经理的姓名、身世、来历均不得而知。

除了公司的变化,单据本身也发生了变化。电费通知单的下方加印了"并请阅后"四个红色大字,提醒客户关注电费单据背面的资料。

上左　图 8-16　鼓浪屿中华电气有限公司电费通知单背面
　　　　　　　（陈亚元藏品）
上右　图 8-17　鼓浪屿中华电气有限公司电费收据背面
　　　　　　　（陈亚元藏品）

图 8-16 上部通告内文如下：

　　通告/本公司完全以营业/为宗旨,辛金、燃料各/费端赖每月收入以/作开支,丝毫不容拖/欠,如有拖欠,即照燃/户章程第十五条办/理。合此声明。即希谅察。/鼓浪屿中华电气有限公司启

　　如燃户将本公司供给/之电力间接供给他户,/致妨碍本公司之权限/者,本公司得以立刻停/止给电。

8.水电票据

解读：

图 8-15 特意提醒客户"并请阅后"的内容，见图 8-16 和图 8-17。图 8-16 为电费通知单背面，上半部为公司通告，主要劝诫客户按时缴费以及禁止卖"二手电"；下半部则为关于电灯泡的广告。图 8-17 为电费收据的背面，内容为关于电灯泡的广告。从这则广告得知，民国廿四年（1935年）前后出品的"亚司令"新式灯泡，每只售价 4 角，约相当于 6 斤仰光米的价格。

电费单据背面的利用，说明鼓浪屿中华电气有限公司的经营意识有了显著提高。

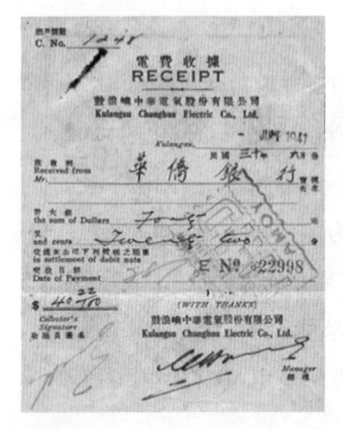

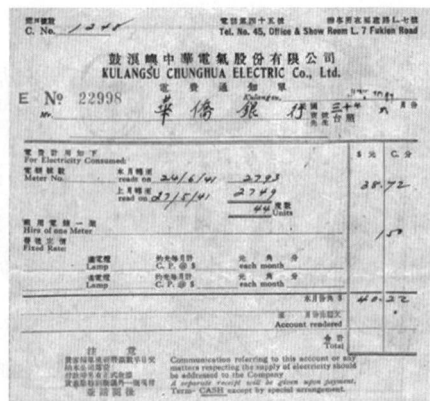

上左　图 8-18　民国卅年（1941年）6月鼓浪屿中华电气股份有限公司电费收据(陈亚元藏品)

上右　图 8-19　民国卅年（1941年）6月鼓浪屿中华电气股份有限公司电费通知单(陈亚元藏品)

解读：

　　图 8-18 和图 8-19 是民国卅年(1941年)6月鼓浪屿中华电气有限公司开具的电费票据。票据显示，此时的"鼓浪屿中华电气有限公司"已经演变为"鼓浪屿中华电气股份有限公司"。成为股份有限公司，标志着公司的规模扩大，社会性、流动性和集资能力都比原先的有限公司有所提高。依常理，股份有限公司是可以发行股票的，但迄今为止，厦门收藏界似乎还没有发现关于鼓浪屿中华电气股份有限公司的股票。只是在一些鼓浪屿逸闻轶事中见到过某某人拥有这家公司股票的传说。

　　这两张票据开具之时，厦门已经沦陷 3 年，鼓浪屿还勉强维持着各国公共地界的地位。因此，尽管此时日本侵略军在厦门强迫使用"日本军用票"，鼓浪屿还可以使用"大银"（即银圆）。从理论上说,民国廿四年(1935年)11月4日开始推行国币(即法币),银圆已经被禁止流通,因而此处的大银亦可理解为南京国民政府的国币。图8-19与图8-13相比较,电费通知上"每度二角五分"和"租用电表壹架每月五角"的说明已经消失,还显示,民国卅年(1941年)6月华侨银行行舍用电44度,缴费38元72分,平均每度电88分即8角8分,比战前的民国廿六年(1937年)上涨2.52倍;"租用电表一架"所纳月租金增至1元50分即1元5角。实际上,根据鼓浪屿工部局《1940年度报告书译本》所载,由于受到战争影响,鼓浪屿的电费在1940年便提升为每度6角4分半,比战前上涨1.58倍。

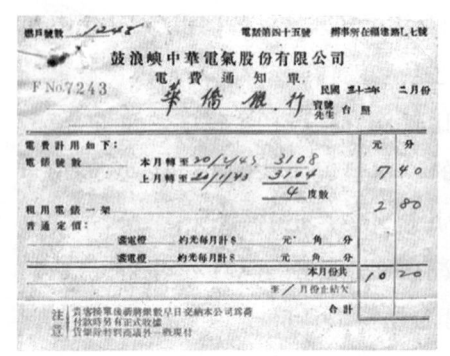

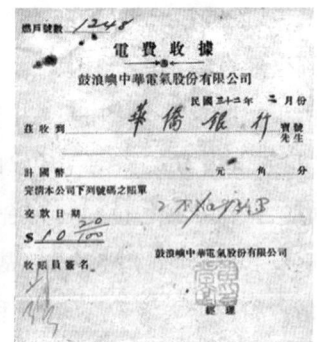

上左　图8-20　民国卅二年（1943年）2月鼓浪屿中华电气股份有限公司电费通知单(陈亚元藏品)

上右　图8-21　民国卅二年（1943年）2月鼓浪屿中华电气股份有限公司电费收据(陈亚元藏品)

解读：

　　图 8-20 和图 8-21 为民国卅二年（1943年）2月鼓浪屿中华电气股份有限公司开具的电费票据。此时，距民国卅年（1941年）12月8日日本霸占鼓浪屿已经14个月。此前，日伪当局于民国卅一年（1942年）7月开始禁止南京国民政府的法币流通，推行汪伪政府的"中储券"，图8-21 电费收据中所称"国币"即指"中储券"。图8-20 电费通知单显示，民国卅二年（1943年）2月华侨银行在鼓浪屿的行舍用电只有4度，这与图8-6 和图8-7 显示的同时期用水量极少是相吻合的。图8-20 还显示，4度电应缴电费7元40分，平均每度电1.85元。按照汪伪政府1元"中储券"兑换2元法币的规定，一度电折合法币3.7元，一架电表月租金也提高到"中储券"2元80分，折合法币5元6角。

　　两张电费票据提供了一个令文史界颇感兴趣的史实：民国卅

二年(1943年)2月,鼓浪屿中华电气股份有限公司经理又一次易人,新任经理为黄省堂。根据图8-18电费收据,民国卅年(1941年)6月鼓浪屿中华电气股份有限公司经理仍为外国人,因此,黄省堂出任经理的时间当在民国卅年(1941年)6月至民国卅二年(1943年)2月之间,可以纠正坊间流传的黄20世纪30年代初就出任鼓浪屿中华电气股份有限公司经理的误传。

8.3 厦门岛电费票据

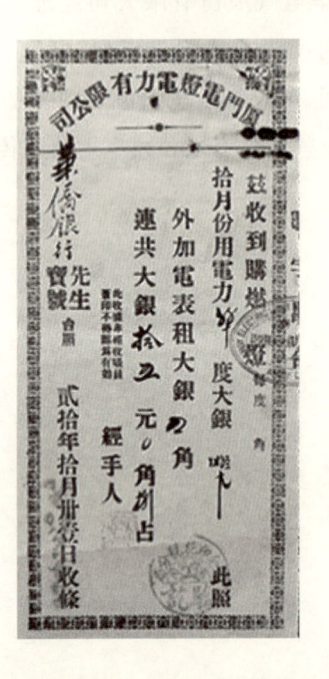

图 8-22 民国廿年（1931 年）10 月厦门电灯电力有限公司电费收条(陈亚元藏品)

解读：

图 8-22 是厦门电灯电力有限公司民国廿年(1931 年)10 月开具的电费收条。收条正文如下：

兹收到购燃灯每度　角/十月份用电力 55（原件用中国传统记账商码表示，下同）度,大银 14 元 5 角 8 占　此照/外

加电表租大银 5 角/连共大银拾五元 0 角捌占/　此收据未经
收账员盖印不得归为有效　经手人　　／　　先生宝号
台鉴贰拾年拾月卅壹日收条

厦门电灯电力有限公司由陈祖琛、陈耀煌父子集资创办于清宣统三年(1911 年),民国二年(1913 年)11 月 20 日厦门市区开始试通电。很难想象,一家正式营业 18 年之久的企业使用的会是这样一种极不合理的收据。比如,开始的"购燃灯"其实应该是"照明用电"之意;又比如,收条中应该载明的每度电的价格、电表月租金均付诸阙如,而可以留下空白待使用时填写的用电月份、开具收条时间反倒印了出来。由此看来,当时厦门电灯电力有限公司每个月都要印一批收条,这岂不是浪费人力、财力吗?与鼓浪屿中华电气有限公司同时期电费票据相比较,两家公司从票据设计方面表现出来的管理能力的高下立判。

图 8-22 显示,华侨银行民国廿年(1931 年)10 月用电 55 度,应缴电费大银(即银圆)14 元 5 角 8 占,平均每度 2 角 6 占半,比同一时期鼓浪屿中华电气有限公司贵了 1 占半。两家电力公司的电表月租金则同为 5 角。

上左　图 8-23　民国廿五年（1936 年）1 月厦门电灯电力有限公司电费收条(陈亚元藏品)

上右　图 8-24　民国廿五年（1936 年）10 月厦门电灯电力有限公司电费收条(陈亚元藏品)

解读：

图 8-23 和图 8-24 是厦门电灯电力有限公司民国廿五年（1936 年）1 月、10 月开具的电费收条。这是与图 8-22 按用电度数收费不同的另一种收费方式，按照固定瓦数、固定盏数的灯泡收

费。华侨银行在厦门第三市场的商铺共安装了 9 盏 16 光(原件用中国传统记账商码表示)即 16 瓦的照明灯泡,每月缴纳电费 11 元 5 角 2 分,平均每盏灯泡每月电费 1 元 2 角 8 分。令人感到遗憾的是,与民国廿年(1931 年)的电费收条对比,5 年之后,厦门电灯电力有限公司还是将用电的年份和月份印在收条上,没能摆脱一月印制一次的格式限制。

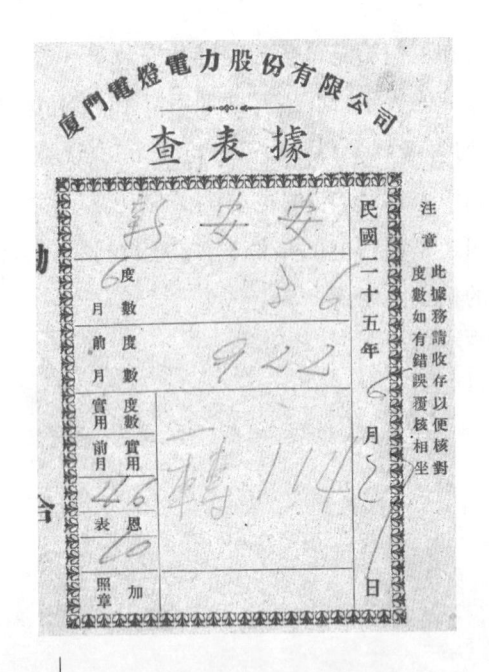

图 8-25　民国廿五年（1936 年）6 月厦门电灯电力股份有限公司查表据(白桦藏品)

解读：

这是一张令人疑惑不解的电费票据。

疑惑之一：这张查表据的开具时间是民国廿五年（1936 年）6 月 27 日，单据上方的企业名称为"厦门电灯电力股份有限公司"。但是，对照图 8-23 和图 8-24 的电费收条，企业名称却是"厦门电灯电力有限公司"。就企业形式而言，"股份有限公司"和"有限公司"肯定是不一样的。同一家公司，同在民国廿五年（1936 年），1 月称"有限公司"，6 月改"股份有限公司"，10 月又改"有限公司"，这基本上是不可能的。唯一的解释就是这家公司对自己是何种形式的企业根本没有清晰的认识,以致印制电费票据时不断反复。

疑惑之二:这张查表据上的数据简直是一团乱麻。表上左第一栏"6月度数36",第二栏"前月度数922",第三栏"实用度数、前月实用46、表恩10"合计数为"转114",上述各种数字之间根本找不到一丝关联。如果说,第一栏"6月度数"为6月所用度数,第三栏中的"实用度数"又是什么意思?如果说"6月度数36"为电表的度数,显然是不对的,因为第二栏"前月度数"为"922",6月的度数肯定要高于922才对。如果"6月度数36"指的是6月实际用电量,第三栏的"实用度数……转114"又是什么意思?查表据是供用户缴纳电费的依据,似这般毫无头绪的数据如何能作为缴费依据?

疑惑之三:这张查表据的格式、风格甚至行文习惯都与图8-22、图8-23、图8-24全然不同,一家规模并不大的发电企业的电费票据出现这种各行其是的现象,其管理方面的混乱是可想而知的。

8.4 水电维修票据

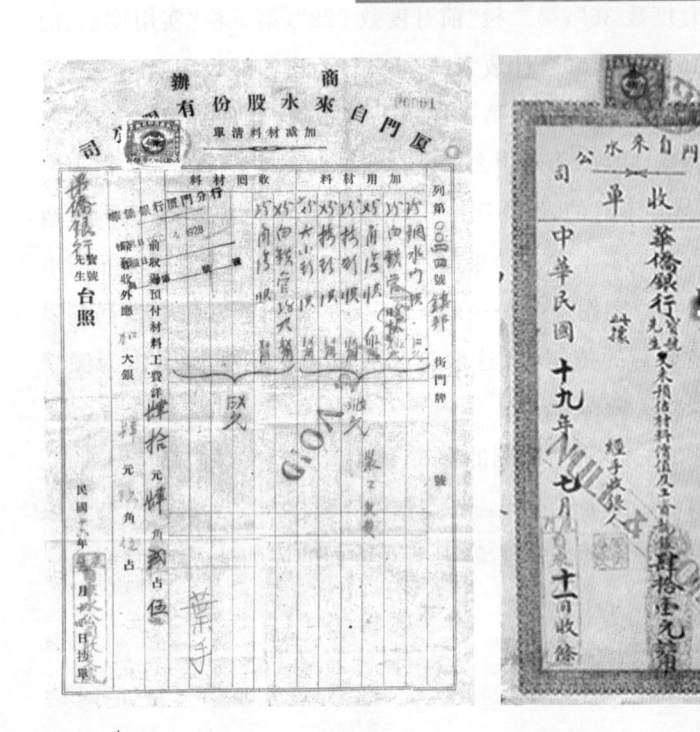

上左　图 8-26　民国十六年（1927 年）3 月厦门自来水股份有限公司材料费清单(陈亚元藏品)

上右　图 8-27　民国十九年（1930 年）7 月厦门自来水公司施工收费单(陈亚元藏品)

解读：

　　厦门自来水股份有限公司于民国十五年(1926 年)11 月开始供水。图 8-26 是华侨银行为镇邦街行舍安装自来水所付费用的收据。依图 8-26 所示,本票据是"加减材料清单",开具时间为民国十六年(1927 年)3 月 14 日,票据左起第三行载明"前取过预付材料工费洋肆拾元肆角贰占伍",施工时间当然在此之前。显然,这是老厦门最早安装自来水的材料费的票据。图 8-26 显示,当时镇邦街的一家用户安装自来水的费用为银圆 40 元 4 角 2 占半,华侨银行在安装过程中多安装一个钢水门(即水龙头),为此多支付银圆 4 元 9 角 5 分。图 8-27 为民国十九年(1930 年)7 月为迁移到中山路的华侨银行新行址安装自来水预付费用的收据,预估材料及工资金额为"龙银(即银圆)肆拾壹元捌角捌占"(原件"捌角捌占"用中国传统记账商码表示),比民国十六年(1927 年)在镇邦街安装自来水时多付了 1 元 4 角 5 占半。

自来水入户材料及工费由用户所在地点与自来水公司的主供水管的距离所决定,大概每户 41 元上下,相当于当时一个普通工人或一般教师一个半月的工资,或可以购买大米约 900 市斤(450 千克)。

图 8-26 还有不少当时的细节可供玩味。比如,一只 6 分即口径 6 厘米的钢水门售价 1 元 2 角,一尺(3 尺为 1 米)口径 6 分的白铁管售价 1 角 7 占(25 尺售价 4 元 2 角 5 占),一只水管的角弯售价 1 角 8 占。自来水公司安装维修部门的经营手法也堪称有道:一只角弯售出价 1 角 8 占,回收 2 只返还 4 角,客户一看就发现占了 4 占的便宜;但 6 尺半白铁管返还 9 角 4 占,客户一时半刻还算不出来倒贴了 1 角 6 占半。

图 8-26 的企业名称还表明,厦门的这家供水企业最起码从民国十六年(1927 年)3 月起就称为厦门自来水股份有限公司,与这一名称不符的称呼都是不规范的。

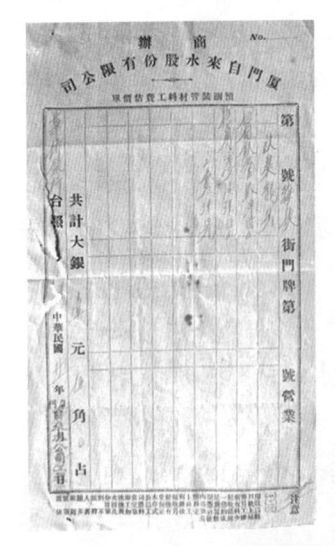

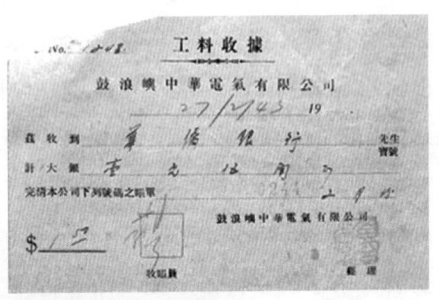

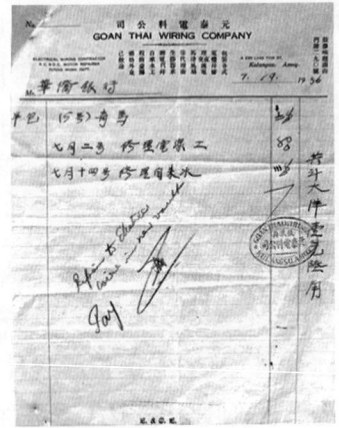

上左　图8-28　民国廿一年（1932年）厦门自来水股份有限公司维修票据(陈亚元藏品)

上右　图8-29　民国卅二年（1943年）鼓浪屿中华电气有限公司工料收据(陈亚元藏品)

下　图8-30　民国廿五年（1936年）水、电社会维修票据(陈亚元藏品)

解读：

图 8-28 至图 8-30 是 3 张水电维修票据。

图 8-28 是民国廿一年（1932 年）5 月华侨银行请厦门自来水股份有限公司改装水龙头所付工料费的收据。

收据显示，改装这个水龙头使用白铁管 1 尺，价 2 角 5 占；使用角弯 1 个，价 2 角 5 占；人工费 1 元。三项合计付费 1 元 5 角。改装一个水龙头，所费时间基本上不要超过一个小时，华侨银行为此付出人工费大银 1 元，相当于当时一个工人一天的工资。供水企业除了供水，还基本垄断了输水管道的安装、维修等业务，在它们来说，这般收费是天经地义的。供电企业也是如此。图 8-29 是鼓浪屿中华电气有限公司出具给华侨银行的一张 1 元 5 角的维修费收据，其中人工费用也是 1 元。

像华侨银行这样的侨资银行，似乎有一种对于任何一项开支都纤芥必究的优良传统。也许他们认为无论时间长短，到现场一次就开支一天工资的做法是可以避免的。图 8-30 记载了华侨银行的两次尝试：民国廿五年（1936 年）7 月 2 日，银行的供电线路大概是出了点小问题，但没有去麻烦电气公司，而是去找鼓浪屿龙头路的元泰电料公司，只花了 5 角钱就解决问题；同年 7 月 14 日，银行的自来水管道又出了问题，仍旧请元泰电料公司来处理，结果才花了 3 角 5 分。为了表示客气，经办人员还买了半包"奇马"（应为"骑马"）牌香烟做接待之用。两次维修连同半包香烟，总计花了大洋 1 元 6 角，比常规处理办法节省 1 元 4 角。

玖

城市服务票据

上 图9-1 民国廿四年(1935年)11月华侨银行修理家具工料费(陈亚元藏品)

解读:

图9-1是华侨银行民国廿四年(1935年)11月修理家具付款时开具的一张项目明细单。旧时的许多企业会向雇员提供食宿,稍具规模的企业所需要的家具品种、数量是一般人想象不到的。这张明细单载有:

　　修理　大员(圆)桌壹只/木床壹只/床枋壹付/衣橱叁个/

铁床壹只/床枋壹付/菜厨壹只/木柜贰只/茶桌壹只/方桌壹只/大写字桌贰只/衣架壹只/中员（圆）桌壹只/小写字桌壹只/特别写字桌贰只/写字椅贰只/共大（洋）50元（用中国传统记账商码表示，下同）/　又以前小写字桌壹只　2元/又？大三扒桌壹只　2元/又员（圆）桌壹只　1元/又交椅叁只　1元8角/总共大（洋）57元8角/摇椅优待/华侨银行/洪行长先生升　　廿四、十一月（签名、盖章）

明细单用毛笔墨汁书写，但在"总共大（洋）57元8角"处，用蓝色笔将"8角"圈去，紧挨着数据下方用蓝色笔写下"Gay　$57"几个字，大意是"支付57元"。仔细再看一遍，才发觉是修理方把金额加错了。此次修理合计金额50元，加上前次未付6元8角，总共应为56元8角，而不是57元8角。华侨银行洪行长的意思很清楚：多1元不应该，2角就算了，凑个57元整数吧。

原件中的"桌"是这家家具厂的发明，原字为繁体字"檅"字，经办人员把右边下半部的"木"字省略了，发明了一个民间俗字"枯"。在文字改革的过程中，有些简化字就是来自民间的俗字，如义、国、乱、术等，可惜这个"枯"没有被采纳。

原件末尾的印章不同于私人印章和一般的企业印章。民国时期，有的企业将自己的名称加上一些吉祥用语混杂在一起，再加上一些图案，刻成单位印章，一般人看不懂，以期达到保密的效果。图9-1末尾的印章即是一例。

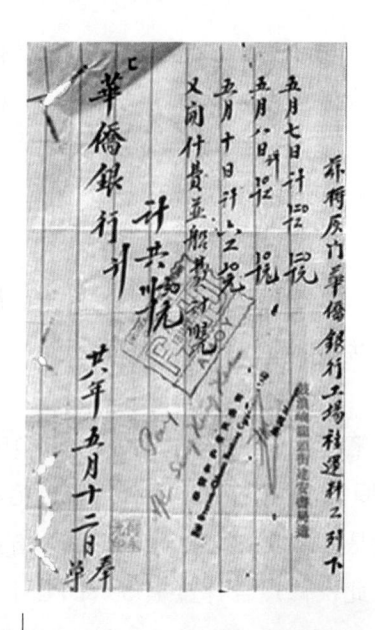

上　图9-2　民国廿八年（1939年）5月华侨银行支出搬运费票据（陈亚元藏品）

解读：

图9-2是华侨银行民国廿八年（1939年）5月7、8、10日雇请工人搬运物资所付费用的明细单。当时厦门岛沦陷已经一年,华侨银行已经迁移到鼓浪屿。从明细单中有船费可以推测,华侨银行应该是把原在厦门岛中山路旧行址的东西运到鼓浪屿新行址。明细单其实很简单,5月7日用12个工,工资12元;5月8日用10个工,工资10元;5月10日用6个工,工资6元。加上什费及船费3元8角,总计31元8角。这张明细单显示,民国廿八年（1939年）,厦门一个搬运工人每天工资1元,租用一艘运货的船只一天大约也是1元(3元8角什费和船费中8角充作什费)。

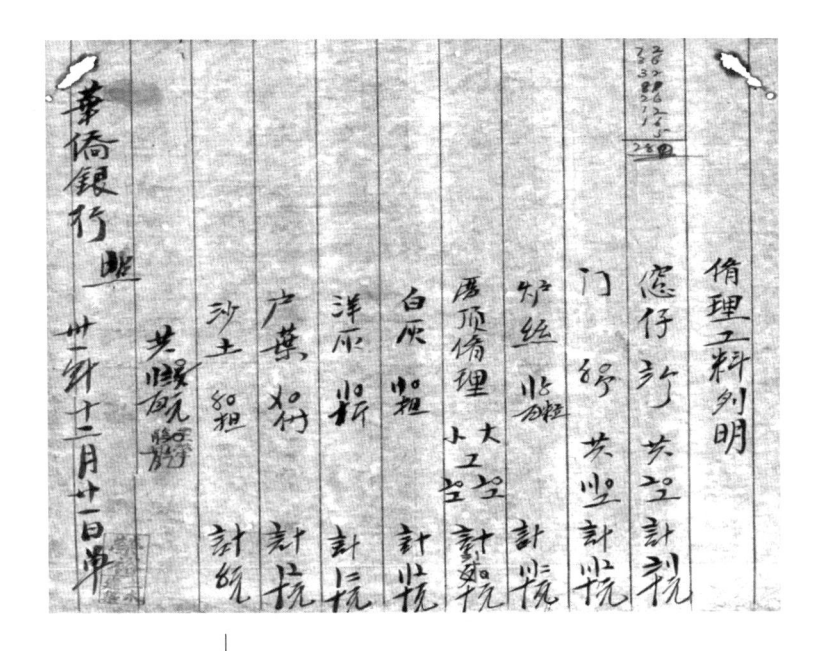

上　图9-3　民国卅一年（1942年）12月华侨银行修理房屋工料费(陈亚元藏品)

解读：

图9-3为民国卅一年（1942年）12月华侨银行修理房屋工料费明细单。开列如下：

窗仔(窗户)8个(原件数字用中国传统记账商码表示,下同)共6工计72元/门5个共3工计36元/炉(应为螺)丝250粒计32元/厝顶修理大工6工、小工6工计81元(原误作90元)/白灰2担计26元/洋灰20斤计12元/户叶(铰链俗称)4付(副)计12元/沙土5担计5元/共280元(原误为289元)

241

这张明细单显示,民国卅一年(1942年),厦门一个木作工人一天的工资为12元,一个泥水匠师傅(俗称大工)搭合一个小工每天工资约为13.5元,1粒螺丝钉1角2分8,1副铰链3元,1担(50千克,下同)白灰13元,1担沙土1元,1千克洋灰(水泥)1元2角。

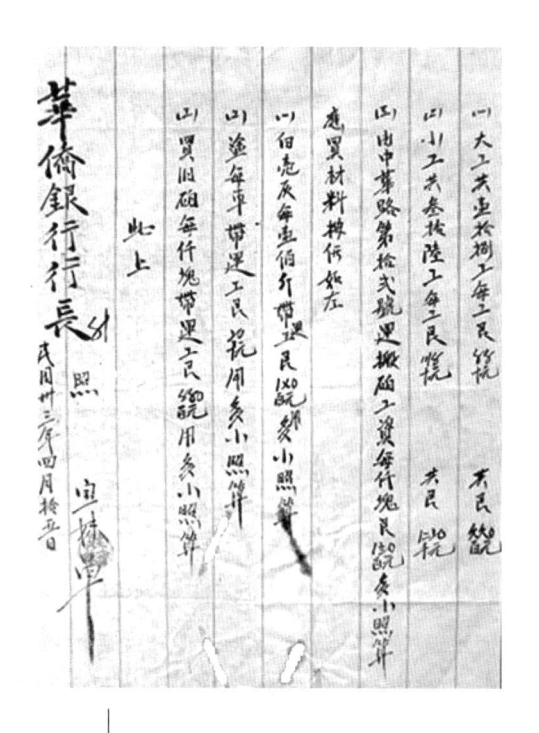

图 9-4 民国卅三年（1944年）4月华侨银行修理房屋工料费(陈亚元藏品)

解读：

图 9-4 为华侨银行民国卅三年(1944年)4月修理房屋工料费明细单。开列如下：

（一）大工共壹拾捌工每工银 55 元(原件数字用中国传统记账商码表示，下同)，共银 990 元/（二）小工共叁拾陆工每工银 35 元，共银 1260 元/（三）由中华路第拾贰号搬运砖工资每千块银 180 元，多小（少）照算/应买材料按价如左/（一）白壳灰每壹佰斤带运工 140 元,用多小(少)照算/(二)涂每车带运工银 60 元,用多小(少)照算/(三)买旧砖每仟块带运工银 550 元,用多小(少)照算……

这张明细单显示,民国卅三年(1944 年)4 月厦门泥水匠师傅(俗称大工)的日工资为 55 元,小工日工资 35 元,二者搭合比两年前上涨 76.5 元;一担(50 千克)白灰由两年前的 13 元上涨到 140 元,一车涂(沙土)充其量也就是五六担,售价高达 60 元。

这张明细单上的"白壳灰"即白灰,旧时厦门建筑用的白灰是用海蛎壳煅烧加工而成,故又称壳灰。壳灰的制作方法说来也十分简单,在地上铺一层稻草,再按照一层煤末、一层海蛎壳的顺序铺上若干层,然后引燃稻草开始烧制。几个小时后停火,把海蛎壳挖出,泼上一桶水,快速搅拌,堆成堆。几分钟后海蛎壳自然变成粉末状,用竹筛剔除小石块就得到壳灰。清代厦门岛东北部海滨有下尾烧灰澳(今填为机场),为壳灰的主要产地。

仔细查看,图 9-3 和图 9-4 这两张明细单与图 9-1、图 9-2 有一个相当重要的不同之处:图 9-1 和图 9-2 均有华侨银行经管人员用英文签发的同意支付意见和长方形的过账图章,图 9-3 和图 9-4 却没有。仔细推敲,可以发现图 9-3 和图 9-4 所报明细项目存在不实之处,如图 9-3 所列厝顶修理的大工 6 工、小工 6 工,先是算为 90 元,后来改作 81 元,平均大工、小工搭合日工资为 13.5 元,明显有出入。又如图 9-4 所列搬运旧砖已开列"每仟块工资银 180 元",计算旧砖价格时又"每仟块带运工银 550 元",为重复报价。这应该是其未被签发的原因所在。

9.城市服务票据

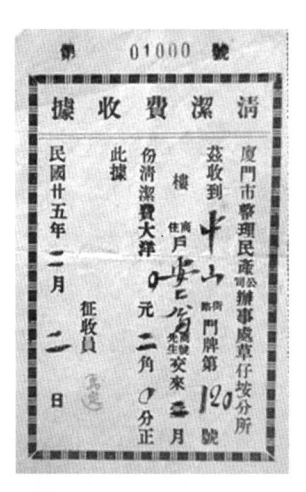

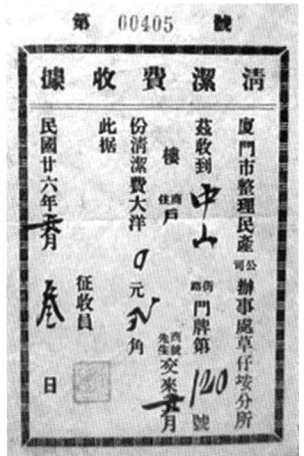

上左　图9-5　厦门民产股份有限公司民国廿四年（1935年）1月倒粪工资收据(白桦藏品)

上右　图9-6　厦门市整理民产公司办事处民国廿五年（1936年）2月清洁费收据(白桦藏品)

下　　图9-7　厦门市整理民产公司办事处民国廿六年（1937年）6月清洁费收据(白桦藏品)

解读：

图 9-5 至图 9-7 为 20 世纪 30 年代中叶厦门清洁费收据。三张收据牵涉到今人想象不到的一个特殊行业——收粪业。

人有新陈代谢，有进食，有排泄，这是无可规避的自然规律。在农耕时代的农耕地区，进食、排泄成为耕作体系中周而复始的循环中的两个环节，不会成为问题。但在人口密集度远远高于农耕地区的城镇，在尚未普及住宅卫生间的年代，排泄物成为影响环境卫生的一大问题。厦门早期处理排泄物的方法是将农耕地区的处理方法移植到城区，把城区的排泄物输送到周围的农耕地区作为肥料。这就产生了收粪这个特殊行业。收粪工人上门将各家各户的排泄物收集后，送到滨海或城区偏僻处的粪坑中，再由粪船运到周围农村作为肥料销售。20 世纪 30 年代初厦门第一次大规模城市建设完成后，由于民智未开、民风未淳，常有市民把排泄物倒入沟渠，环境卫生大受影响。为解决这一问题，社会人士于民国廿一年（1932 年）集资 20 余万元，组建厦门民产股份有限公司，公司的名称虽然十分响亮，但其主要业务就是处理厦门城区的排泄物。为了从市政督办公署得到这一业务，厦门民产股份有限公司出资建造了市区 20 座公厕。

图 9-5 是这家民产公司开具的收据，显示的是收粪业第一个环节——倒粪，由公司派人带着粪桶或粪车上门，收集各家各户的排泄物。收据显示，倒粪一方每月付给公司银圆 2 角，称"倒粪工资"。据有关资料记载，20 世纪 30 年代初，厦门城区从事收粪的工人有 200 多人，划地为界，互不侵犯。一个工人一般负责 50 户左右的排泄物收集。一般的以出卖劳力为主的倒粪工人收入是很低的。但排泄物可以卖钱，当时一只粪船载重约 300 担，其中掺海

水约130担,可以卖20~22元,因此也有人靠经营粪业发财。倒粪是件既脏又累的活,社会地位也很低,但一般人家或商户都离不开这一行业。有的倒粪工看到其中有机可趁,便借机寻事,故意刁难,引起一些市民不满。民国廿五年(1936年)前后,厦门市公安局卫生办事处牵头组建厦门市整理民产公司办事处,以整理为名,接管厦门民产股份有限公司。之后在厦门市区4个分局管辖区域分别成立分所,负责处理粪便。图9-6和图9-7为厦门市整理民产公司办事处草仔垵分所开具的收据,收据将原先的"倒粪工资"改为"清洁费","经手人"改为"征收员",收费标准每月大银2角不变。草仔垵在今鹭江道和平码头路段靠北部山坡,旧时属厦门市公安局第三分局管辖区域。

鼓浪屿也有挑粪工40人,归工部局挑粪所管理。据《鼓浪屿工部局1940年度报告书》,当年1月,鼓浪屿挑粪工月工资100元,年末增至150元。

上　图9-8　华侨银行民国廿五年（1936年）8月支付第三市场清洁费收据（陈亚元藏品）

解读：

图9-8是华侨银行民国廿五年（1936年）8月支付第三市场清洁费的收据。内文如下：

兹收到/二十五年八月份饷银大洋壹拾贰元，扫具费壹元，共壹拾叁元/正。此上/华侨银行施主/第三市场清道伕宋妍红（印章）具/八月三十日这是一张很有意思的收据。收款人将第三市场的清洁费称为"饷银",似乎不太通顺,其实不然。民国时期的大部分时间,厦门市区的街道清扫工作是由公安局负责的。民国十四年(1925年),厦门警察局(后改称公安局)所属清道队有清道夫120余名。民国廿年(1931年)厦门市区首次市政改造完成后,清扫面积大增,公安局清道队人手严重不足,参考请愿警的做法(参见图2-4至图2-6),在一些需要清扫的公共场所增设清道队,所需经费由使用单位负责。清道队属公安局,人员工资也就与警员一样称饷银。但第三市场56间店面,只安排一位清道夫,故工资收据径直以"清道伕宋妍红"个人名义领取。因为钱是华侨银行给的,这位"宋妍红"大概有点宗教因缘,径直将华侨银行称为"施主"。

第三市场清道夫月工资12元,实在低得可怜,大概是没有正式编制所致。鼓浪屿工部局也设有清道队,有88位清道工人,民国廿六年(1937年)的月工资是100元。

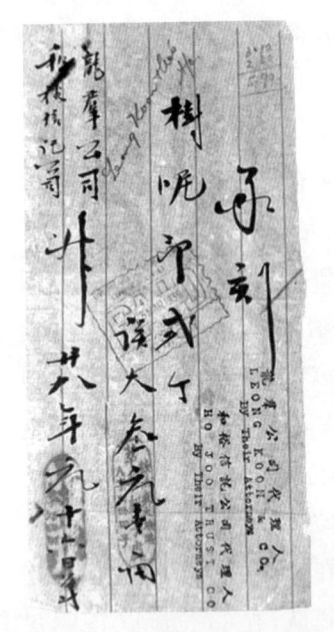

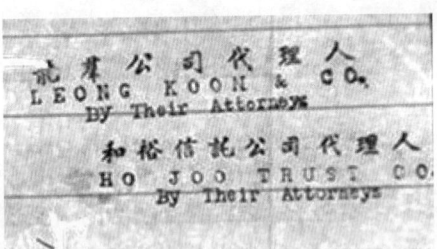

上左　图9-9　民国廿八年（1939年）6月刻树泥印2个收据
　　　　（陈亚元藏品）
上右　图9-10　图9-9中所刻树泥印式样

解读：

　　图9-9是民国廿八年（1939年）6月一张刻制印章的收款收据。刻制方是"萃华刻字处"，店址在"鼓浪屿大埭路""A字四四四号"。收据称，所刻印章为"树泥印"。树泥，即橡胶。橡胶以橡胶树流出的类似乳汁的白色液体制成，故厦门话称橡胶为"树（闽南话读作秋）泥"。图9-10为所刻印章式样，一为"龙群公司代理人"，一为"和裕信托公司代理人"，两方印章刻有中、英文两种文字。收据的正中盖有华侨银行的过账图章，图章上方有一行英文

字,为经办人员的签字,说明这张收据是在华侨银行报账盖销的。这也说明了这两个公司的代理人就是华侨银行。

龙群公司是印尼华侨黄超龙、黄超群兄弟1928年出资组建的房地产开发公司,总资金130万元,开发区域主要集中在思明南路(原蕹菜河)、公园西路一带,总数79座,建筑面积18万平方米。龙群公司在思明南路投资兴建的南星乐园是厦门首座安装升降式电梯的建筑。和裕信托公司由黄超群、杨孝椿、黄春梅、杨德从、林声球等集资创办,黄超群任经理,杨德从任副经理,址在中山路361号二楼,1934年11月1日开业,主要经营各种存款、放款、汇兑、贴现、地产,并代理经收租金、买卖产业以及其他信托业务。民国廿七年(1938年)5月厦门沦陷,黄氏兄弟将业务交由华侨银行代理,离开厦门。这就有了镌刻公司代理人印章之举。

黄氏两兄弟祖籍安溪县官桥,老大黄超龙清光绪二十八年(1902年)出生于印尼,在泗水经营出入口商业数十年,曾任泗水中华总会主席、中华商会会长等职。20世纪30年代与其弟黄超群除了在厦门经营建筑房地产业和金融业,还投资开发永春天湖山煤矿。

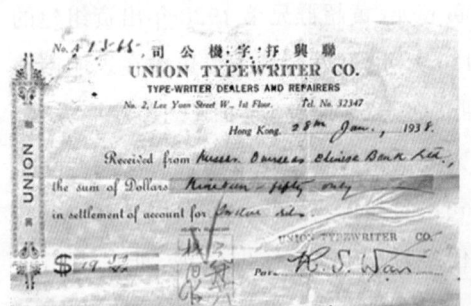

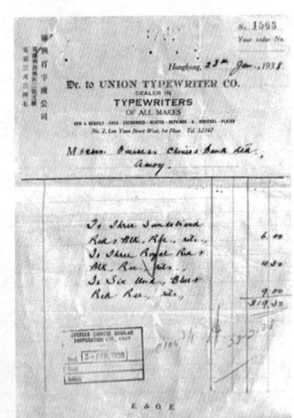

上左　图9-11　民国廿七年（1938年）1月香港联兴打字机公司英文发票(陈亚元藏品)

上右　图9-12　民国廿七年（1938年）1月香港联兴打字机公司英文发票明细单(陈亚元藏品)

下　图9-13　民国卅三年（1944年）2月巡修打字机维修费收据(陈亚元藏品)

解读:

图 9-11 是民国廿七年(1938 年)1 月香港联兴打字机公司为华侨银行维修打字机后开具的维修费发票,主要内容有总金额、维修时间、维修技工和公司经理签名。图 9-12 是与发票同时开具的明细单,详细开列了维修单位、维修的具体项目及其费用。图9-13 是民国卅三年(1944 年)华侨银行请"宗记"前去维修打字机的维修费收据。这只是一张简单得不能再简单的收据,没有维修的明细项目,没有维修技工的签名,也没有单位负责人的签名,连格式化的正式发票也没有,只是一张随手写下的字条加盖了"宗记"两个字,以致谁也无法确认这家"宗记"究竟是一家公司还是一家维修店。对比两张同为打字机维修的发票,不难看出两家企业在内部管理和社会形象等方面的诸多差距。

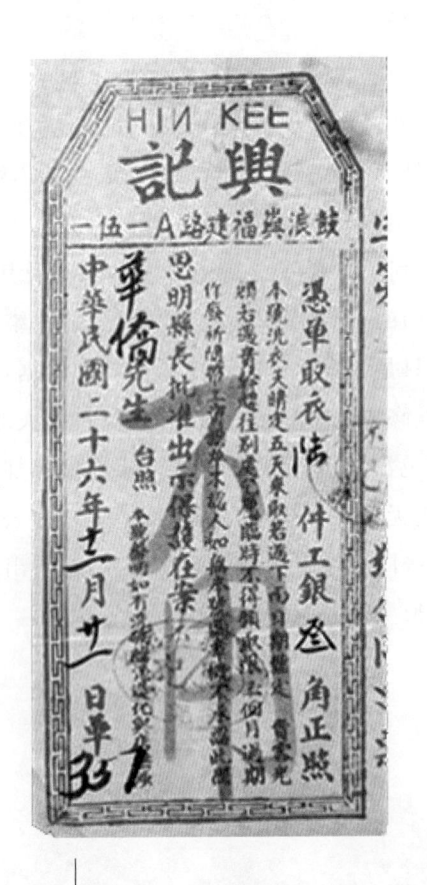

图 9-14 民国廿六年（1937年）12月鼓浪屿兴记洗衣房的洗衣单（陈亚元藏品）

解读：

这张洗衣单内容如下：

横额：兴记/鼓浪屿福建路A一伍一

竖写正文：凭单取衣。陆件工银叁角正。照/本号洗衣，天晴定五天来取,若遇下雨,日期难定。贵客光/顾,若遇贵干赶往别处,乞愿临时不得领取,限三个月,过期/作废。祈随带工资,认单不认人。如无本号图章,概不承认。此照/思明县长批准出示保护在案/华侨先生　台照　本号声明:如有洗破,任凭造化,与店无涉/中华民国二十六年十二月廿一日单357

对于民国时期的一家洗衣房,似乎没有必要在文字上提什么要求;否则,这张洗衣单便是一篇充满遣词造句错误、语气不通不顺的说明文。尽管这样,还是可以从其中了解到民国廿六年(1937年)白领洗衣的支出:洗6件衣服3角钱的工钱相当于当时一般工人三口之家一天的生活费。这张洗衣单还显示,当年到兴记洗衣房洗衣服是要冒一定风险的,倘若衣服被洗破,洗衣单上写得明明白白——"如有洗破,任凭造化,与店无涉"。这种将衣服洗破的责任一概归咎给"造化"的说法多少有些令人哭笑不得。但兴记洗衣房似乎十分认真且有十分把握。洗衣单上赫然写道:兴记洗衣房的有关规定业经"思明县长批准出示保护在案"。看来,这家洗衣房后台不小!可惜的是,兴记在"民国二十六年"印制洗衣单的时候或许是不知道,或许是被人骗了,思明县已经在一年多之前就被撤销了,取而代之的是厦门市和禾山特种区,哪里还有什么"思明县长"呢! 因为这一莫名其妙的失误,抑或公然的骗局,这张洗衣单或许会平添几分价值吧。

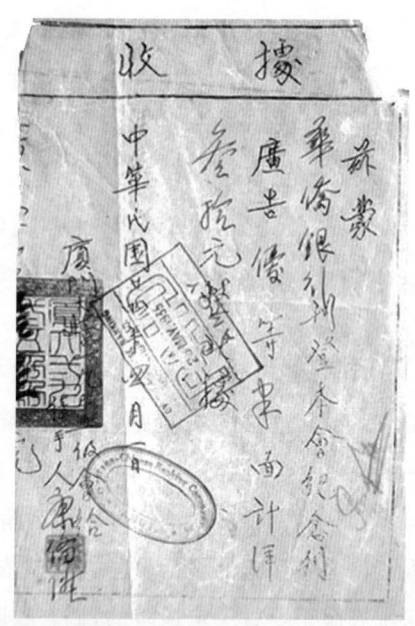

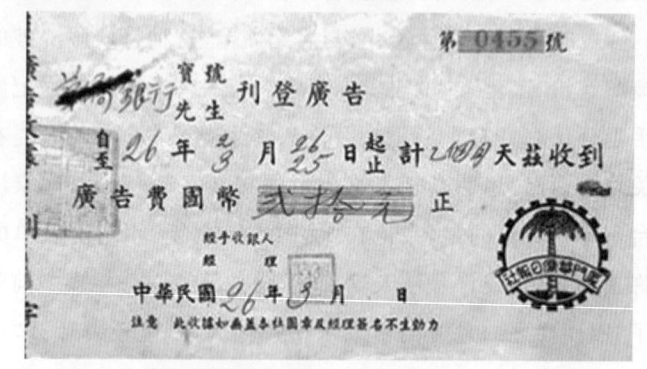

上左　图 9-15　民国十七年（1928 年）国庆纪念刊广告费收据
　　　　　　　（陈亚元藏品）

上右　图 9-16　民国廿四年（1935 年）厦门大学纪念刊广告费收据
　　　　　　　（陈亚元藏品）

下　　图 9-17　民国廿六年（1937 年）《华侨日报》广告费收据（白桦藏品）

解读：

  还在民国时期，就十分盛行赚钱有"道"了。遇有重要节日，就有头面人物或社会机构以举办活动为由出来募集赞助（参见本书"4.社会捐款票据"部分）。但种种募捐毕竟是向企业伸手要钱，多少有些不便。聪明的人便改变做法，拉赞助不叫赞助，改了个名称叫"广告"。如图9-15，中华民国国庆日快到了，弄一个"国庆纪念刊"，不管你愿意不愿意，把你的名字印上去，帮你出名了，然后请你给一些广告费。以帮助你的名义让你掏腰包，比赤裸裸拉赞助高明得多了。图9-16是厦门大学"一九二五级"十周年聚会筹募经费的收据。毕竟受过教育，觉得不宜也没有条件公开拉赞助，便拐了个弯，办个纪念刊，在比较容易看到的地方划出半页刊登你的照片或做点介绍，称"广告优等"，半页收"洋"即银圆"叁拾元"。倘若搞上五六页"广告优等"，白花花的大洋三四百元便到手。

  图9-17是华侨银行在《华侨日报》刊登广告的广告费收据。《华侨日报》由缅甸、新加坡华侨创办于民国廿一年（1932年）10月，主要报道华侨在国内和侨居地的生活状况，关注华侨问题，呼吁保护华侨权益。社址在厦禾路。民国时期的厦门是个规模较小的海岛城市，报纸的发行量极其有限，报纸主要靠社会赞助和广告维持。民国廿六年（1937年）2月26日至3月25日，华侨银行在《华侨日报》刊登一个月广告，花费国币20元。当时一则普通广告一天收费一般是1元，但连续刊登三次以上就有优惠。从双方的背景来说，华侨办的银行支持华侨办的报纸，似乎也是天经地义。因此，20元登一个月的广告不能仅仅从经济上来说事。但《华侨日报》在厦门维持的时间并不长，民国廿七年（1938年）5月厦门沦陷，《华侨日报》也就停刊了。

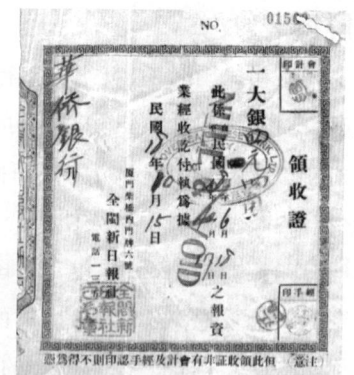

上左　图 9-18　民国十六年（1927年）12月至十七年（1928年）6月《民国日报》报资收据(白桦藏品)

上右　图 9-19　民国十八年（1929年）6—12月《全闽新日报》报资收据(陈亚元藏品)

解读：

图 9-18 和图 9-19 是 20 世纪 30 年代末两家报纸的订阅收据。如果单看图 9-18 的"民国日报图章"和"订阅民国日报"等字样，很容易使人把厦门的《民国日报》与创办于民国五年(1916年)、后来成为中国国民党的中央机关报《民国日报》混淆在一起。其实，图 9-18 所说的应该是《厦门民国日报》。当时，全国各地创办了多家《民国日报》，仅福建就有国民革命军新编第三师政治部主持的《福州民国日报》、中国国民党福建省党部筹备处主持的《福建民国日报》和《厦门民国日报》。《厦门民国日报》创办于民国十五年(1926年)，民国时期著名报人苏眇公所著《厦门报界变迁概述》一文称：《民国日报》，民国十五年(1926年)出版，中间因时局关系，停刊数次。前后经理沈可法、郑淑麟、黄笃奕，前后主笔罗相贤、张止渊、

曾根、欧阳阙。近来看到两篇纪念梁披云先生的文章,都说到梁披云先生与创办《厦门民国日报》有关,一说梁披云创办《厦门民国日报》时推荐同窗毛一波出任总编辑,一说梁披云"22岁时在厦门主编《民国日报》"。看来,梁披云先生与《厦门民国日报》确有渊源。民国廿二年(1933年)底发生"福建事变",《厦门民国日报》改名《厦门人民日报》;随着"福建事变"被平定,《厦门人民日报》即《厦门民国日报》也停刊。收据下方"社址"一栏所说的"新马路"即开元路,因为是厦门第一条新式马路,故得名。《厦门民国日报》每期两张半,报价为每月8角,半年价优惠为4元5角。

图9-19为《全闽新日报》的订报收据。从收据之首的"领收证"一词就可以看出该报的日本背景。《全闽新日报》是晚清厦门境内创办较早的日报之一,由日本驻厦门领事馆创办于清光绪三十三年(1907年),创办时社址在寮仔后,后迁到图9-19所载"柴桥内"即今和凤宫路。《全闽新日报》的办报宗旨标榜为"敦睦邻谊,指导民众",实际上是为日本军国主义的侵略扩张摇旗呐喊、涂脂抹粉。由于其特殊背景,在厦门的销量长期保持在四五百份。《全闽新日报》每期三大张,售价也是每月8角,为了拉拢客户,半年价收4元4角,比《民国日报》低1角,但还是读者寥落。民国八年(1919年)为扩大影响,任命林尔嘉为社长,但林尔嘉未实际到任。民国廿六年(1937年)被驻守厦门的国民革命军第一五七师勒令停刊。厦门沦陷后在大汉路即中山路占用《星光日报》社的设备复刊。民国廿九年(1940年)9月26日在大中路喜乐咖啡馆门口被国民党特工击毙的便是时任《全闽新日报》社长泽重信,他的另一个身份是日本"兴亚院"厦门特派员。民国卅四年(1945年)10月,《全闽新日报》彻底停刊。

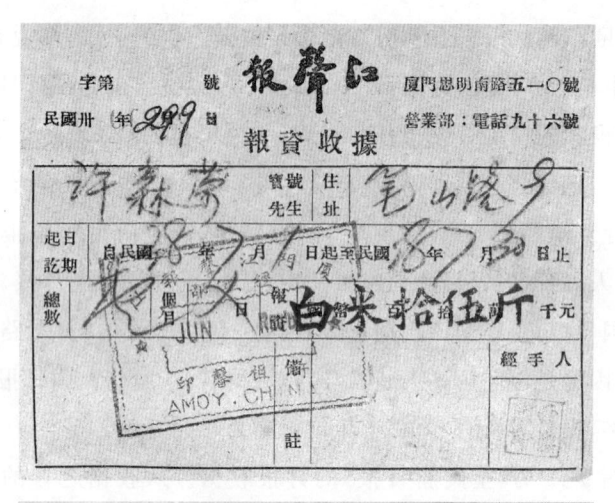

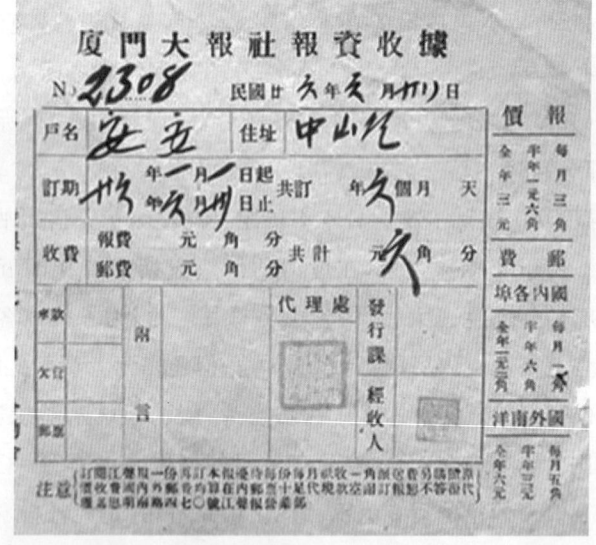

上　图9-20　民国卅八年（1949年）《江声报》报资收据
　　　（白桦藏品）

下　图9-21　民国廿六年（1937年）《厦门大报》报资收据
　　　（陈亚元藏品）

解读：

《江声报》创刊于民国七年(1918年)11月21日。该报报头由孙中山题写,以"为老百姓说公道话"为办报宗旨,经常对时局发表评论,笔锋犀利,不畏权势,深受百姓欢迎,是民国时期厦门创办时间最长的民办报纸。1952年与中共厦门市委机关报《厦门日报》合并,1956年6月正式停刊。图9-20是《江声报》民国卅八年(1949年)7月的报资收据,收据上原先印好的"国币　百　拾　万　千元"已经无法表现《江声报》一个月的报资,原先的国币(即法币)已于民国卅七年(1948年)8月19日被金圆券取代,300万元国币兑换1元金圆券。但金圆券随即被狂印滥印,到民国卅八年(1949年)贬值数百万倍,6月间几同废纸。民国卅八年(1949年)7月,南京国民政府又用银圆券代替金圆券,但刚一发行就遭弃用。民间自发使用银圆、银毫和铜板,或者以物易物,以白米为中介物。《江声报》当月报价为"白米拾伍斤"。如果用金圆券计算,"白米拾伍斤"为金圆券9643万元(按6月底大米价格计算);如果按国币计算,则将近290亿元。而《江声报》创刊初期至民国廿年(1931年)的报资为"每月8角",民国廿五年(1936年)10月为"每月国币3000元",民国卅七年(1948年)1月为"每月国币6万元",民国卅七年(1948年)5月为"每月国币36万元"。民国廿年(1931年)《江声报》报价以银圆为币种,民国廿四年(1935年)11月推行国币(即法币)时,法币与银圆同值,用国币比较,从民国廿年(1931年)到民国卅八年(1949年)7月,19年间月报资上涨360万倍,堪称骇人听闻。

图9-20载明,《江声报》社址在思明南路510号,可以纠正

2004年版《厦门市志》关于该报社址在思明东路的误记。

图9-21为《厦门大报》的报资收据。《厦门大报》是《江声报》的附报(一说属晚报性质),按其收据上的说明,民国廿六年(1937年),《厦门大报》每月报资仅为3角,半年报资为1元6角,全年报资3元。如果订阅《江声报》再订阅《厦门大报》,每月报资仅收1角。安安公司应该是订有《江声报》,因此享受优惠,订阅半年《厦门大报》,仅用了6角。民国廿六年(1937年),6角钱大概可以买到12斤大米,放到图9-20的背景即民国卅八年(1949年)7月,相当于金圆券7714万元、国币232亿元,也是令人咂舌的数据。

拾

餐饮、茶事票据

10.1 餐饮票据

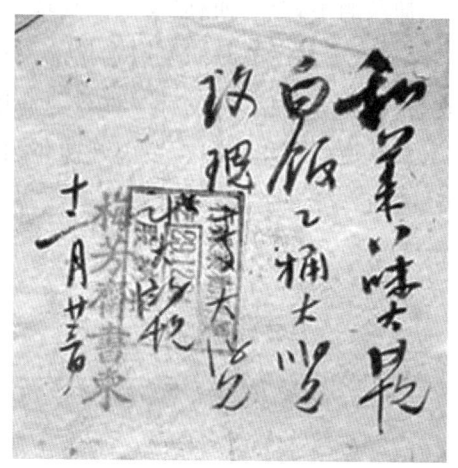

上左 图 10-1 民国廿四年（1935 年）12 月餐费（炒面）收据
（陈亚元藏品）

上右 图 10-2 民国廿四年（1935 年）12 月餐费（和菜等）收据
（陈亚元藏品）

解读：

图 10-1 和图 10-2 是民国廿四年（1935 年）梅芳斋菜馆开具的两张餐费收据。图 10-1 显然是白领的一次集体工作餐，点了炒面

7碗,付3元5角(原件用中国传统记账商码表示,下同),一碗炒面售价5角。时隔一天,大概是同一帮人再次聚会,此次有点小型宴会的性质,点了"和菜八味",价14元,白饭1桶,价3元,还点了"玫瑰二支",价1元5角,总价18元5角(见图10-2)。这个"玫瑰二支"应该不是玫瑰花,如果是玫瑰花的话,应该是"枝",梅芳斋的书柬印刻得那么漂亮,账单上的字又突显出相当的文化功底,"支"和"枝"的区别应该是知道的。"支"是闽南人对瓶装酒的单位称呼,瓶装酒不称瓶,而称"支"。"玫瑰二支"指的是喝了两瓶玫瑰酒。玫瑰酒是民国时期厦门常见的一种低度酒,有红玫瑰、白玫瑰、玫瑰露等名目,据说有一种玫瑰酒还获得过万国博览会的金奖,曾从厦门口岸出口。民国廿四年(1935年),一担大米(50千克)售价7元2角,图10-2这次聚餐,大约吃掉两担半的大米。

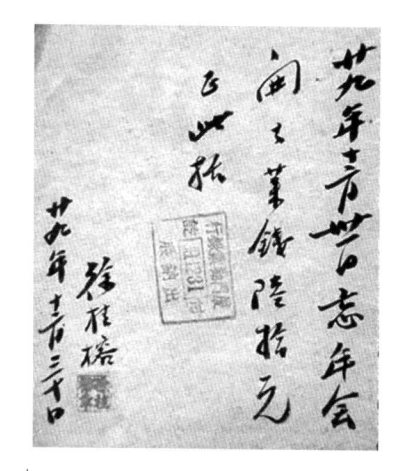

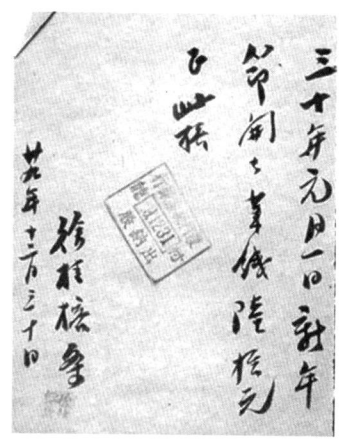

上左　图10-3　民国廿九年（1940年）12月31日忘年会菜钱收据
（陈亚元藏品）

上右　图10-4　民国卅年（1941年）1月1日新年节菜钱收据(陈亚元藏品)

解读：

图10-3和图10-4是劝业银行民国廿九年（1940年）12月31日举办忘年会和民国卅年（1941年）1月1日举办新年节用餐收据。此时汪伪中央储蓄银行尚未成立，使用的或者是法币，或者是与法币等值的日本军用票。忘年会与新年节是日本辞旧迎新的传统节日习俗。日本的各种机构、单位一般在岁末举行聚会，聚餐饮酒，发表辞旧感言，主要内容是忘记即将过去的一年的辛苦、劳作、怨恨甚至成绩，准备迎接新的一年。新年节即元旦，明治维新后实行公元纪元，以1月1日为新年之始，为一年中重要节日之一。劝业银行有职员50人左右，举办忘年会和新年节安排座席当在5桌左右，每次花费菜钱60元，折合每桌12元，从中大致可见民国廿九年（1940年）末至民国卅年（1941年）初的物价水平。

上　图 10-5　民国卅六年（1947 年）大厦咖啡厅解款单(陈亚元藏品)

解读：

如图 10-3 和图 10-4 所示，民国廿九年（1940 年）、卅年（1941 年），12 元尚可举办一桌酒席，到了民国卅六年（1947 年），国币就形同废纸了。图 10-5 是当年 7 月 5 日大厦咖啡厅给华侨银行的解款单，仅咖啡一项就高达国币 60 万元整，放在民国卅年（1941 年），足以让劝业银行全体职员举办 1 万次新年节了。

10. 餐饮、茶事票据

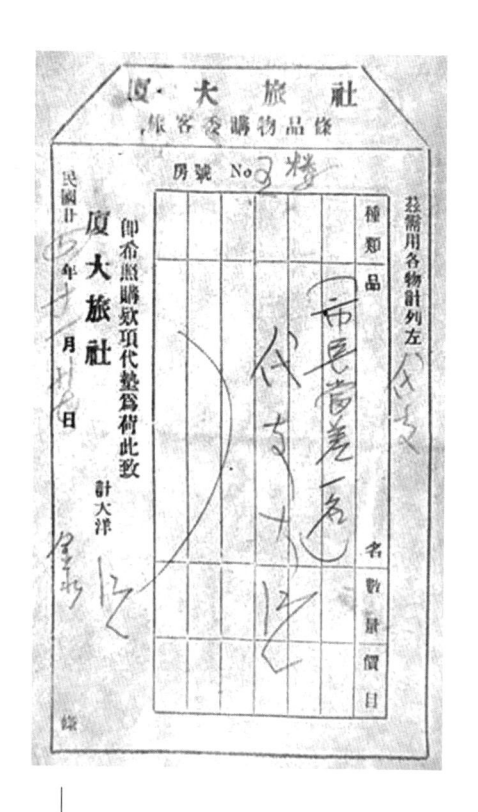

上 图10-6 厦大旅社民国廿四年（1935年）11月市长当差代支1元凭条（陈亚元藏品）

解读：

民国时期，厦门的旅社业竞争就十分激烈，同行之间为了拉拢客人，想出种种办法，如代购车船票、帮助送客、赠送水果等。这家厦大旅社则别出心裁，设置了代客购买物品的服务项目。其与厦门大学毫无关系，是位于思明西路62、64、66号的一家旅社，兼办有美园酒家，号称"厦鼓最高尚的"旅社。图10-6是住在这家旅社五楼的旅客11月27日的"旅客委购物品条"，所购物品是"市长当

267

差一名代支大(洋)1元"。此时的厦门市政府刚刚成立半年多,市长为王固磐。目前无法得知这位旅客与王固磐市长究竟有何关系,以致王市长派了个"当差"前来探望;抑或这位旅客有事须与王市长见面,拜托"市长当差"前往接洽。不管如何,光凭这个"市长当差"的身份,大洋1元就轻松到手。这张"市长当差代支1元"的账单见证了民国时期国民党政府官场的黑暗。

10.2　茶事票据

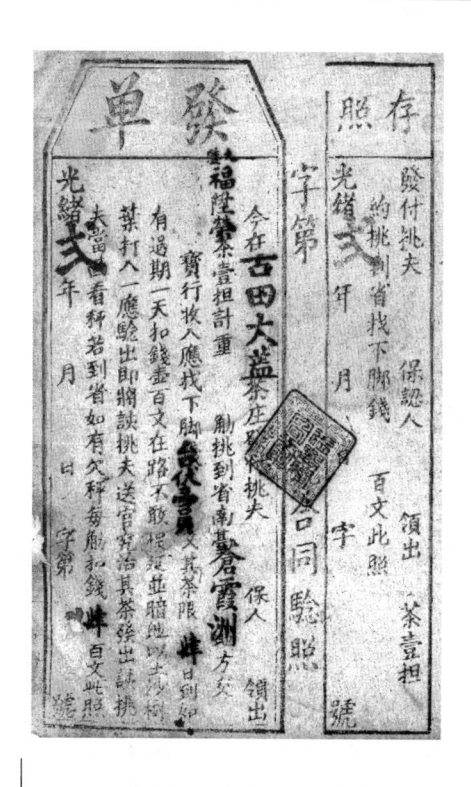

上　图 10-7　清光绪二年（1876 年）茶庄雇工挑茶合同
（白桦藏品）

解读：

图 10-7 为清光绪二年（1876 年）古田大益茶庄雇工挑送茶叶到福州南台的合同底本。该合同分存照（即存底）和发单两部分，发单部分内文如下：

今在古田大益茶庄发付挑夫　　　保人　　　领出/大益福隆荣茶壹担计重　斤,挑到省南台苍霞洲地方交　/宝行收入。应找下脚钱台伏壹员(圆)。又,其茶限肆日到,如/有过期,一天扣钱壹百文。在路不敢误延并暗地以土沙树/叶打入,一应验出,即将该挑夫送官究治。其茶发出,该挑/夫当面看秤,若到省如有欠秤,每斤扣钱肆百文。此照/光绪弍年

　　　月　　日　　字第　　号

从图10-7的内文来看,尚未有挑夫、保人等一干人员签名画押,具体的月份、日期也付诸阙如,故应该是合同的底本。这个合同底本显示,在清光绪二年(1876年),古田老县城尚未被古田溪发电厂水库淹没,从县城到福州约有100公里,一担茶叶重100市斤,紧赶慢赶要走上足足两天,所得工资是"台伏壹元"。所谓"台伏",指的是当时福州南台一带通行的西班牙银圆,因为银圆上的头像类似佛像,故称"台佛",流传中转为"台伏"。清光绪初年台伏1元相当于1100文左右。如图2-4、图2-5、图2-6所示,当时的请愿警每月警饷不过区区15元,挑百斤茶担赶路两天工资大洋1元则应该是常态了。这个合同底本还显示,挑送过程中如果发生短斤少两的现象,"每斤扣钱肆百文"。据此可以推定,当时由古田县送往福州南台的茶叶每斤价钱不会高于400文。这样的茶叶经过再加工,每斤售价往往高达数元,利润之高令人咂舌。

10. 餐饮、茶事票据

上左　图 10-9　民国廿五年（1936年）10月芳茂茶庄售茶票据 (白桦藏品)

上右　图 10-10　民国廿七年（1938年）5月龙泉苑售茶票据 (陈亚元藏品)

下　　图 10-11　民国卅年（1941年）8月龙泉苑售茶票据 (陈亚元藏品)

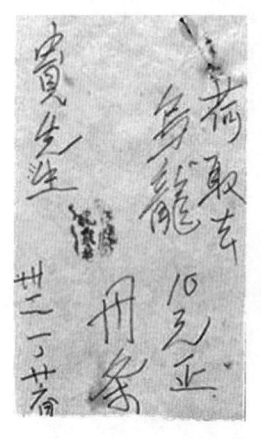

上左　图 10-12　民国卅二年（1943年）1月龙泉苑售茶票据(陈亚元藏品)
上中　图 10-13　民国卅二年（1943年）5月龙泉苑售茶票据(陈亚元藏品)
上右　图 10-14　民国卅二年（1943年）6月龙泉苑售茶票据(陈亚元藏品)

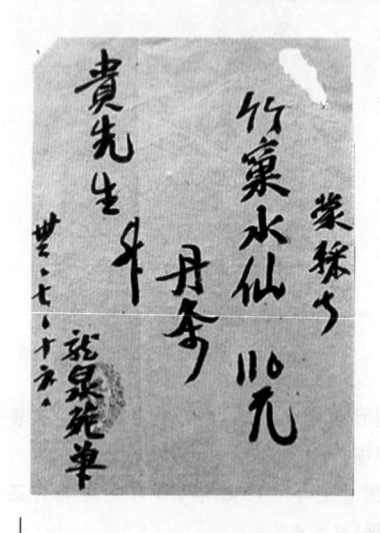

上左　图 10-15　民国卅二年（1943年）7月龙泉苑售茶票据(陈亚元藏品)
上右　图 10-16　民国卅二年（1943年）8月龙泉苑售茶票据(陈亚元藏品)

解读：

图 10-9 至图 10-16 为民国卅年（1941 年）前后华侨银行某职员购茶时茶庄所出具的票据。除了图 10-11 之外，其他票据均没有加盖华侨银行的过账图章，说明并非"公款消费"，所购之茶大都价格不菲，应该是高等职员才有能力享用。这也应该是这几张购茶票据得以混入华侨银行档案的重要原因。

厦门岛内素无产茶。即便是一海之隔的同安，产茶的历史也很短。清乾隆三十六年至四十二年（1771—1777 年）编修的《同安县志》载"邑不产茶，所用者武夷岩茶及安溪清水、留山诸种。近则斗拱山亦有仿为者，但所出不多耳"，可见直至清乾隆中叶同安县才开始种茶。

从消费的角度看，茶作为一种饮料在厦门岛流行是乾隆朝之后的事。乾隆三十一年（1766 年）编修的《鹭江志》残本介绍厦门岛独特的饮食风俗时只提到嚼槟榔的俗尚，饮茶则一字未提。清道光《厦门志》才提及饮茶习俗："俗好啜茶。器具精小，壶必曰孟公壶，杯必曰若深杯。茶叶重一两，价有贵至四五番钱者。文火煎之，如啜酒然。以饷客，客必辨其色、香、味而细啜之，否则相为嗤笑。名曰工夫茶，或曰君谟茶之讹。彼夸此竞，遂有斗茶之举。"

到了晚清、民国期间，厦门茶风更盛，街市茶庄林立，坊间称"茶店多过米店"。官家、富人以品味武夷名茶为荣，市井贫民则以茶梗、茶末为饮。一小包茶动辄几元的价格，一般人家是望而却步的。

华侨银行这位茶客从来不喝大路茶。民国廿五年（1936 年）喝芳茂茶庄的"种泡"（图 10-9），即 1 包可冲泡一次的小种茶。在武夷岩茶之中,特殊茶区的特殊茶种称小种,质量高出一般的工夫茶。民国廿七年(1938年),这位先生喝的是龙泉苑茶庄的"水仙种"(图10-10),即水仙茶中的小种茶。民国卅年(1941年),大概是为了接待重要客人,这位先生购进武夷山著名茶区天心禅寺的流香小种(图10-11),每包1元4角。民国卅二年(1943年)1月,这位先生尝试了每包1元的乌龙茶(图10-12),似乎不大满意,最迟从当年5月起,开始钟情于"2包4元"(图10-13,原件用中国传统记账商码表示,下同)的龙泉苑茶庄的"竹窠水仙"(图10-13至图10-15)。龙泉苑茶庄以经营水仙名茶著称,竹窠则为武夷山著名茶区,年产茶叶仅334千克。民国卅二年(1943年)8月,竹窠水仙每4小两(晚清、民国时期厦门茶庄流行的小包装)提价至2元5角(图10-16)。

这批茶叶票据中,图10-9和图10-10使用的币种应该是银圆,图10-11使用的应该是法币。当时,1斤种泡、水仙种、天心流香小种之类的一般高档岩茶的价钱可以买到100斤左右的大米。图10-12至图10-16使用的币种应该是"中储券",当时由于二战阻断了茶叶的出口通道,也阻断了厦门侨汇的来源,作为非生活必需的特殊消费品茶叶价格疲软,如图10-16所示,民国卅二年(1943年)8月,4两(旧制,相当于125克)竹窠水仙茶售价2元5角("中储券"),而此时,一担大米(相当于50千克)售价已达5000元。

这批茶事票据涉及芳茂和龙泉苑两家茶庄。

芳茂茶庄为安溪人所开,总行在开元路赖厝埕口(今大元路口),在菲律宾马尼拉设有分行。除了在安溪拥有大片茶山,据崇安县政府民国卅年(1941年)的调查,芳茂茶庄在武夷山拥有浆潭、凤林、桃源、观音厂等 4 座茶厂,年产茶分别为 307.5 千克、260 千克、250 千克、200 千克,芳茂的制茶厂就设在崇安县赤石街。在茶庄林立的厦门,拥有几家闹市店面并不稀罕,在武夷山产茶区拥有自己的茶厂才称得上茶商中的豪杰,芳茂茶庄便为其中之一。

龙泉苑茶庄总行设在鼓浪屿,分行在大同路。以经营武夷山日月岩水仙和武夷山第一正峰丛黄金龙著称,为厦鼓高档茶庄。

拾壹 文化用品票据

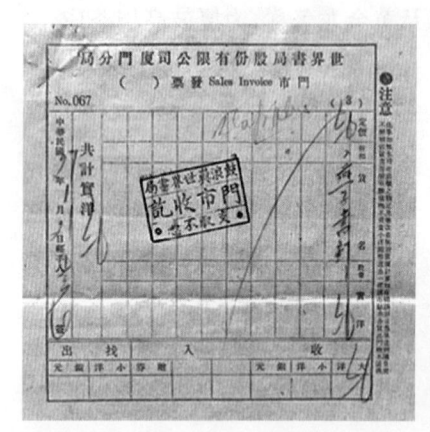

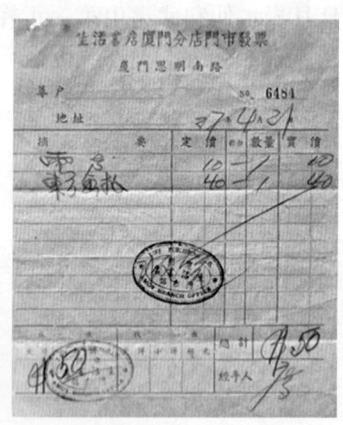

上左　图 11-1　民国廿七年（1938年）1月世界书局销售画刊票据(陈亚元藏品)

上右　图 11-2　民国廿七年（1938年）4月生活书店销售刊物票据(陈亚元藏品)

解读：

　　本部分的票据大部分由民国时期厦门各书店开具。小小的一个厦门老市区，加上鼓浪屿，面积不超过10平方千米，仅在华侨银行的旧档案中，就找到世界书局、生活书店、合众书社、翔文恒记书局、商务印书馆、中华印书馆、开明书店、大中书局、儿童书局（店）、新的书店、文化印书馆、启新印书局等众多书店开具的票据，其中世界书局、商务印书馆、中华印书馆、开明书店、生活书店、儿童书局等都是全国知名的大书店,确实有点令人心旌摇动,以为发现了厦门文化的一个"矿点"。按照最先的设计,这一部分称"书店票据"。但在审定这些"书店票据"的时候,发现其大都与书籍无关,而是销售文化用品的记录,失望之余,只能让其回归本来面目了。

图 11-1 和图 11-2 是众多"书店票据"中与书籍可以挂上钩的两张票据。图 11-1 为世界书局民国廿七年(1938 年)出售《燕子画刊》的收据,关于这本售价 1 元的画刊,没能找到任何信息。图 11-2 是销售《电声》和《东方画报》的收据。《电声》是一本关于电影和无线电介绍、评论、预告的周刊,每册售价仅 1 角,曾风靡一时;《东方画报》是和民国时期著名月刊《东方杂志》一起发行的兼具新闻、文化、生活的画刊,每册售价 4 角。严格说来,这三本杂志与真正意义上的书籍还是有一定距离的。厦门是个从海岛发展而来的新兴城市,文化底蕴本来就比较薄弱,清康熙二十三年(1684 年)成为国内商港和对台通洋正口、清道光二十三年(1843 年)正式成为国际通商港口之后,商业气氛渐浓,甚至有过剩之虞,文化追求则相形见绌。行内人士多有感慨:在厦门经营书店殊为不易。

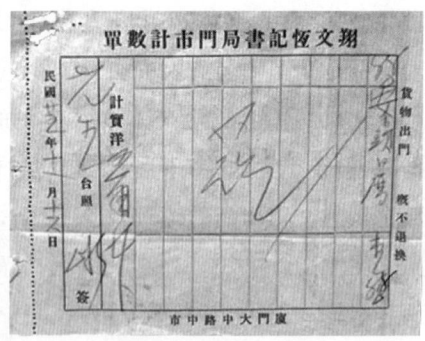

上左　图 11-3　民国廿四年（1935 年）12 月世界书局
　　　　　　销售日历票据(陈亚元藏品)
上右　图 11-4　民国廿五年（1936 年）11 月翔文恒记
　　　　　　书局销售日历票据(陈亚元藏品)

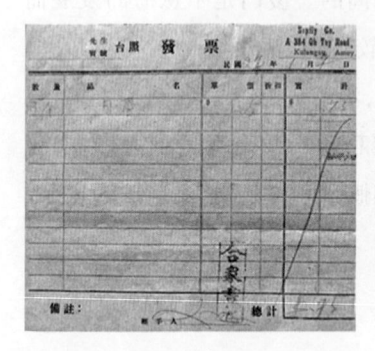

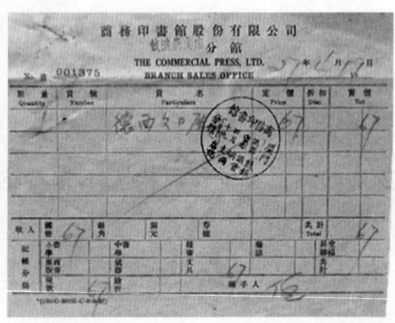

上左　图 11-5　民国廿七年（1938 年）1 月合众书社销
　　　　　　售日历票据(陈亚元藏品)
上右　图 11-6　民国廿七年（1938 年）4 月商务印书馆
　　　　　　销售日历票据(陈亚元藏品)

解读:

图 11-3 为世界书局民国廿四年(1935年)12月销售的案头日历,每册售价5角。图 11-4 为翔文恒记书局民国廿五年(1936年)11月销售的案头日历,每册售价5角5分,比上一年多出5分。图 11-5 是合众书社民国廿七年(1938年)销售的日历,每册2角5分,应该是普通的日历,共买了3本,总计7角5分。当年4月,商务印书馆鼓浪屿支店售出一本"德西文"即德文日历,售价6角7分。

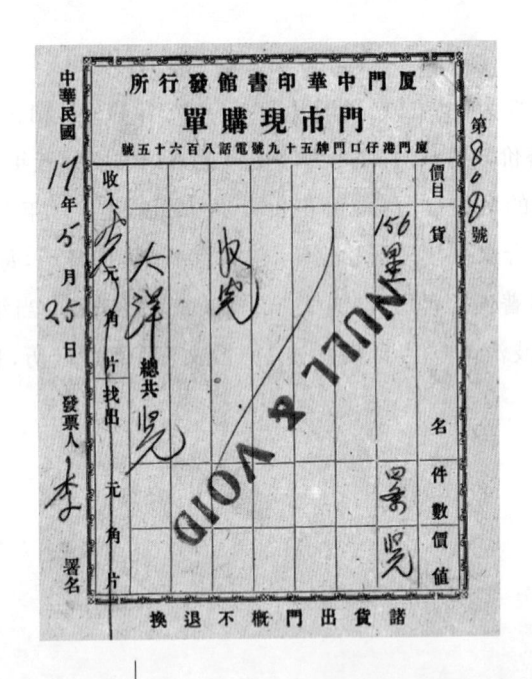

上　图11-7　民国十七年（1928年）5月中华印书馆售墨票据(白桦藏品)

解读：

　　图11-7是民国十七年（1928年）华侨银行从中华印书馆购得4条156号墨的收据。当时，华侨银行刚到厦门开办分行，单据当中斜插的一排英文字就是华侨银行过账的标识。当时的厦门老市区还是街巷狭窄，中华印书馆和众多的商家挤在港仔口（今镇邦路和升平路交界处）。华侨银行这家现代银行还使用古老的墨条磨墨写字记账。

11.文化用品票据

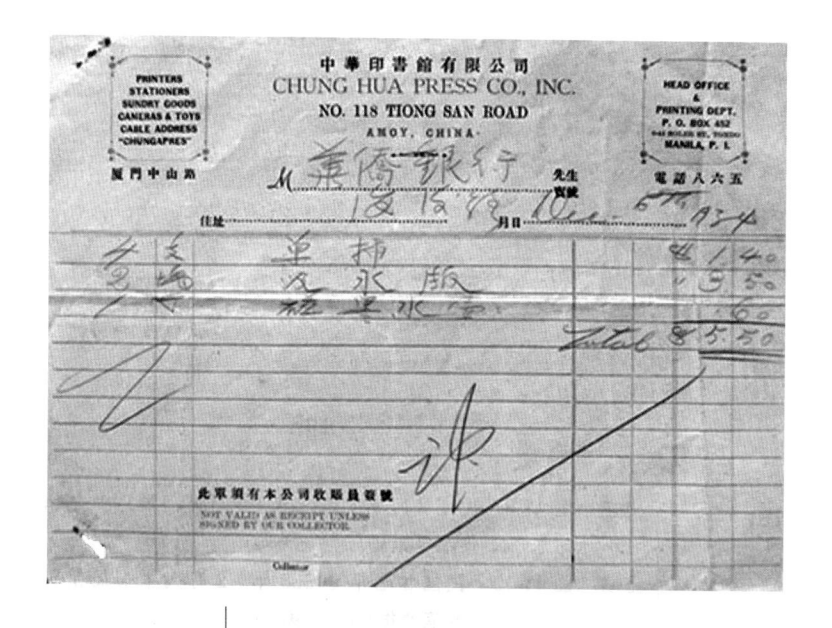

上　图11-8　民国廿三年（1934年）12月中华印书馆销售文具票据(陈亚元藏品)

解读：

民国廿三年(1934年)12月,华侨银行从中华印书馆购买了三种文具。对于今天的人而言,这三种文具已经是十分陌生的了:单插是供放置毛笔的,只能放一支毛笔;吸水板是用毛笔写字时垫在写字纸之下,用来防止墨水晕开;磁墨水壶即陶瓷制作的容器,用来装墨水的,这表示当时的书写已经摆脱了琐碎的砚台磨墨的工序。

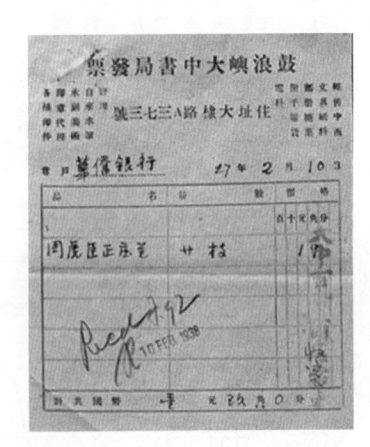

上左　图11-9　民国廿四年（1935年）1月厦门瑞□商号销售毛笔票据(陈亚元藏品)

上右　图11-10　民国廿七年（1938年）2月大中书局销售毛笔票据(陈亚元藏品)

上左　图11-11　民国廿七年（1938年）7月大中书局销售毛笔、糨糊票据(陈亚元藏品)

上右　图11-12　民国卅年（1941年）4月泰隆商号销售毛笔票据(陈亚元藏品)

11. 文化用品票据

解读：

图 11-9 至图 11-12 等四张单据都与中国传统的文房四宝之一毛笔有关。毛笔毕竟和文化有关联，每家店铺都有自己的一套。图 11-9 那家因印鉴模糊看不清店名的"厦门瑞□"商号卖的是"大京水"，现在许多人已经不知道这大京水是什么了。制造毛笔的重要原料之一是动物的毛，雅称毫，有狼毫、羊毫等名堂。狼毫硬，羊毫软，兼用两种动物毛以求达到软硬适度的称"兼毫"，这种"兼毫"的毛笔就称"大京水"。图 11-10 的大中书局则打品牌的旗号，称所卖之笔为"周虎臣正庄笔"，周虎臣为传统知名笔庄即毛笔制造厂家，所谓"正庄笔"，即宣称自己所售为正宗周虎臣笔庄所产。图 11-11 也是大中书局的卖毛笔票据，这次把笔的品牌和种类都写明了，称卖出的是寿牌大京水。图 11-12 的泰隆商号则强调所卖毛笔的性能"宜书宜画"。四张单据显示，民国廿四年（1935 年），50 支大京水收银 4 元，平均每支 8 分（图 11-9）；民国廿七年（1938 年）2 月，20 支周虎臣正庄笔收银 1 元 9 角，平均每支 9 分 5 厘（图 11-10）；民国廿七年（1938 年）7 月，10 支寿牌大京水收银 9 角，平均每支 9 分；民国卅年（1941 年）4 月 10 支宜书宜画毛笔收银 5 元 5 角，平均每支 5 角 5 分——看来此时物价上涨已经相当明显。

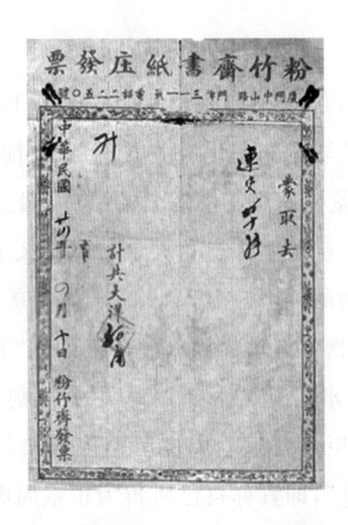

上　图 11-13　民国廿四年（1935 年）粉竹斋销售连史纸票据(陈亚元藏品)

解读：

　　粉竹斋是晚清至民国时期厦门一家专营纸张的商号。图 11-13 是民国廿四年（1935 年）4 月粉竹斋售出连史纸的单据。连史纸是以嫩竹为原料，采用蒸煮法等工艺制作的竹制纸张。适合毛笔书写和机器印刷，纸质温润，长期保留不变质不变色，有"寿纸千年"之誉。厦门市图书馆珍藏有晚清厦门由英国传教士山雅各（J.Sadler）发起创办的首家期刊《鹭江报》，使用的就是八开连史纸，至今不腐不蠹，色泽如故。虽然质量上乘，但因为原料易得，旧时连史纸价格并不贵。如图 11-13 所示，50 张连史纸售价大洋 5 角，一张只卖 5 占。20 世纪 60 年代之后连史纸一度被机制纸挤出市场，销声匿迹了 20 余年。20 世纪 90 年代之后，连城等地的连史纸传统产区开始恢复生产。当下，一张采用传统手工技法制作的连史纸售价二三元，上好连史纸则卖到五六元。

11. 文化用品票据

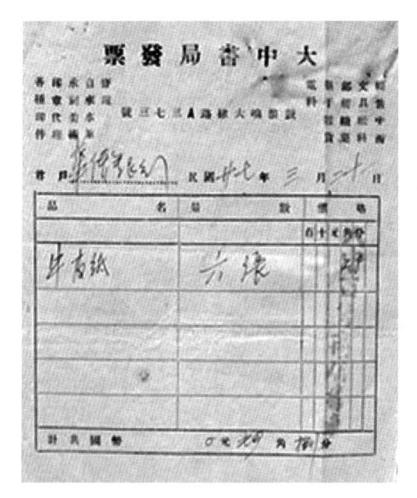

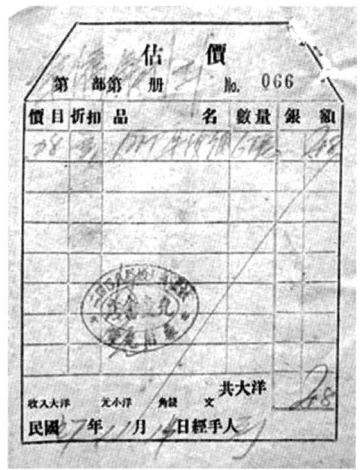

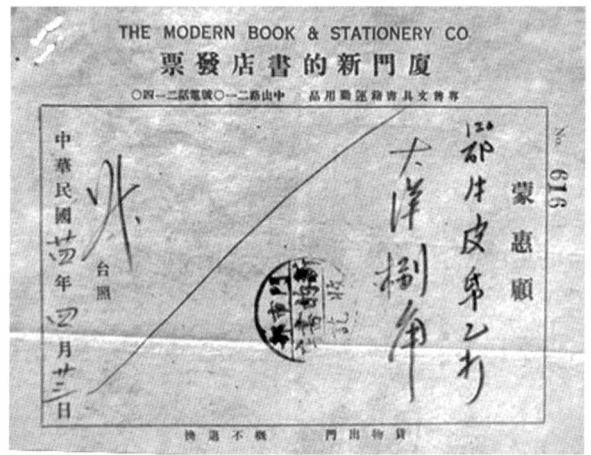

上左　图 11-14　民国廿七年（1938年）3月大中书局销售牛皮纸票据(陈亚元藏品)

上右　图 11-15　民国廿七年（1938年）11月儿童书店销售牛皮纸票据(陈亚元藏品)

下　　图 11-16　民国廿四年（1935年）新的书店销售牛皮纸票据(陈亚元藏品)

解读:

图 11-14 和图 11-15 是民国廿七年(1938 年)大中书局和儿童书店售出牛皮纸的票据,同样是 6 张牛皮纸,同样售价 4 角 8 分。看来书店的生意并不好做,几角几分的生意也不能马虎。图 11-16 则是民国廿四年(1935 年)4 月新的书店售出一打(12 张)牛皮纸的票据,平均每张牛皮纸卖 6 分 6 厘。三年之后每张牛皮纸卖到 8 分(见图 11-14、图 11-15),因为不是生活必需品,上涨幅度仅有 21%;同一时期大米之类的生活必需品,上涨幅度达到66.67%。

11.文化用品票据

上　图 11-17　民国廿年（1931年）12月同言祥昌记号印色票据(陈亚元藏品)

解读：

厦门同言祥昌记号民国廿年（1931年）12月30日开具的图11-17这张票据在80余年之后的今天，仍闪烁着特有的艺术魅力。票据上"荷采印色"四字顺手写来，颇见几分功底。布局上，前三行每行只有二三字，舒朗开阔；第四行上半部紧凑密集，尤其是用汉字数码夹杂中国传统记账商码加上近似"了"字的符号表示公元月日，有密不透风的效果，下半部又骤然放开，在印章的上方和下方留下空白,产生抑扬顿挫的节奏。色彩上,"民国贰拾年"红印字与红色的"厦门同言祥昌记号"图章散落在墨书"台升照""十二月三十""单"之间,显得色彩分明。华侨银行负责过账的先生大概也被这张票据的美所打动,小心翼翼地把过账图章盖在空白处,使这张票据平添了几分趣味。应该可以断定这张票据的开具者并非专业的书法家,这种处理也非蓄意为之,只是平日里留意手上的工作,为了把票据处理得更顺眼动了些心思,无意中留下这张充满美感的票据。

票据显示,同言祥昌记号应该是文具店。从这张票据的墨色、印色来看,历经 80 余年岁月仍无衰减褪色,可见质量上乘,难怪华侨银行会找上门去采购印色。民国廿年(1931 年),10 个印色收银 1 元 1 角,平均一个 1 角 1 占。现今的印色视大小、品牌而定,一般品牌从二三元到十来元不等,倘若是西泠印社这样的名牌,一小盒印色售价动辄数百元。

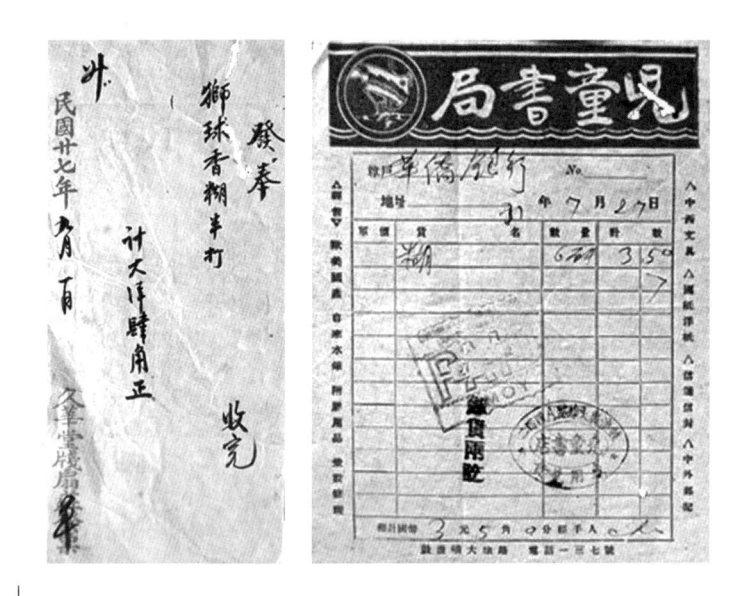

上左　图 11-18　民国廿七年（1938 年）久华堂笺扇庄销售糨糊票据
　　　　（陈亚元藏品）
上右　图 11-19　民国卅一年（1942 年）儿童书局销售糨糊票据（陈亚元藏品）

解读：

　　图 11-18 可以和图 11-11 相互参照，同是民国廿七年（1938 年），图 11-11 为 7 月 15 日的票据，大中书局售出地球牌大香糊 6 矸（即 6 瓶），收银 4 角；图 11-18 为 9 月 1 日的票据，久华堂笺扇庄售出狮球牌香糊半打（即 6 矸），收银也是 4 角。4 年之后的民国卅一年（1942 年）7 月 27 日，儿童书局（印章为儿童书店）售出 6 矸糨糊，收银 3 元 5 角。此时，日伪当局已经强令使用"中储券"，3 元 5 角"中储券"相当于之前的法币 7 元。用法币计算，民国廿七年（1938 年）1 瓶糨糊售价 6 分 7 厘，民国卅一年（1942 年）卖到 1 元 1 角 6 分 7 厘，整整贵了 1 元 1 角。

上左　图 11-20　民国十八年（1929 年）5 月文化印书馆信笺票据
（陈亚元藏品）

上右　图 11-21　民国卅三年（1944 年）7 月大中书局信笺票据
（陈亚元藏品）

解读：

图 11-20 为华侨银行民国十八年（1929 年）5 月在文化印书馆印制 2000 张信笺的票据，收大洋 6 元，平均每 100 张收大洋 3 角。到了民国卅三年（1944 年）7 月，在大中书局采办 4 刀信笺，却花了 80 元"中储券"。按照传统习惯，一刀纸制品一般为 100 张，4 刀为 400 张，平均每 100 张收银 20 元。按照日伪当局"中储券"的兑换规定，20 元"中储券"兑换 40 元法币，而法币在通行之初是与银圆同值的。以此推算，民国十八年（1929 年）只卖 3 角的 100 张信笺，到民国卅三年（1944 年）上涨了 132 倍。

11. 文化用品票据

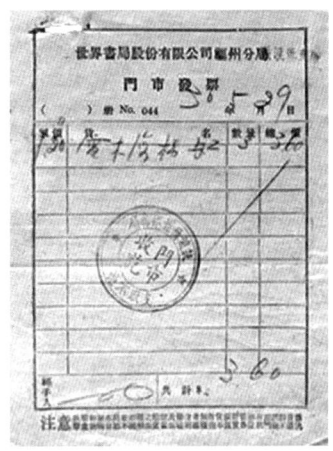

上左　图 11-22　民国廿年（1931 年）中华印书馆销售格尺票据（陈亚元藏品）

上右　图 11-23　民国卅年（1941 年）世界书局销售电木海绵缸票据（陈亚元藏品）

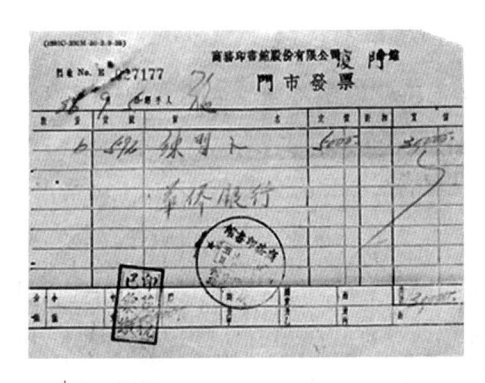

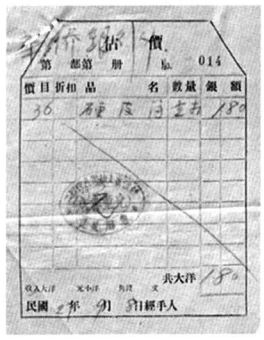

上左　图 11-24　民国卅六年（1947 年）商务印书馆销售练习簿票据（陈亚元藏品）

上右　图 11-25　民国廿七年（1938 年）儿童书局销售硬皮簿票据（陈亚元藏品）

291

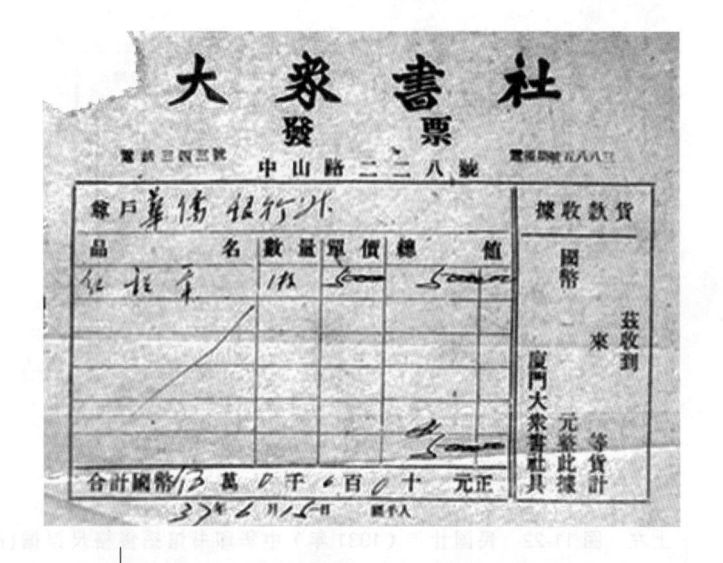

上　图 11-26　民国卅七年（1948 年）大众书社销售红铅笔票据(陈亚元藏品)

解读：

图 11-22 至图 11-26 是一组厦门几家书店出售与书籍无关的用品时开具的票据，依次说明如下：

图 11-22 显示，中华印书馆民国廿年（1931 年）8 月售出格尺 1 枝，收银 8 角。所谓格尺，就是标有标准长度单位的尺子。

图 11-23 是世界书局福州分局鼓浪屿支店民国卅年（1941 年）5 月售出 3 个电木海绵缸的票据。民国时期称塑料为电木，电木海绵缸指塑料制成的用于放置海绵片的浅缸，海绵片吸水后用于手工点钞时沾手，增加手指摩擦力。当时塑料刚传入国内不久，以其像陶瓷又比陶瓷耐摔的特点备受欢迎。华侨银行购买 3 个电木海绵缸用了 3 元 6 角，每个 1 元 2 角。

图 11-24 显示,民国卅六年(1937 年)9 月,华侨银行从商务印书馆厦门分馆购买 6 本练习簿,每本 5000 元;而图 11-25 显示,民国廿七年(1938 年)9 月,儿童书局出售"1/2 打"(即 6 本)硬皮簿只收银 1 元 8 角,每本售价 3 角。

图 11-26 显示,民国卅七年(1948 年)6 月 15 日,华侨银行从大众书社购得红铅笔 1 支,花去国币 50000 元,而这样的一支笔,在战前只要几分钱。民国政府的治绩,从这张票据中可见一斑。

拾贰

司法类票据

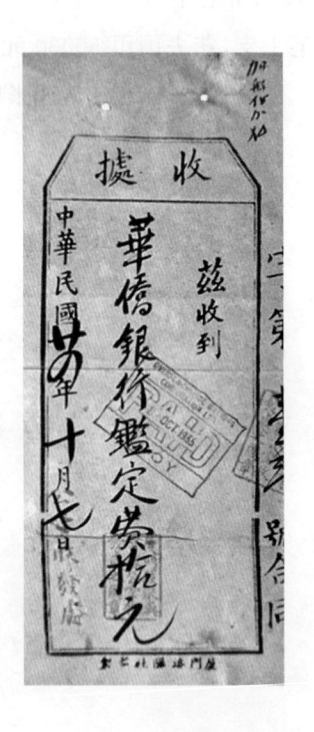

上　图 12-1　鼓浪屿会审公堂民国廿四年（1935 年）10 月收取鉴定费收据(陈亚元藏品)

解读：

　　图 12-1 是鼓浪屿会审公堂收发处民国廿四年(1935 年)10 月 7 日为华侨银行鉴定房屋收取 10 元鉴定费开具的收据。当时的

华侨银行行址在厦门岛海后路,需鉴定的房屋应该是在鼓浪屿,故须由鼓浪屿会审公堂主持鉴定。收据的右上角加注一行小字"加船仔加 4 角(用中国传统记账商码表示)",意思是另外加收乘船过渡费 4 角。民国廿四年(1935 年)前后,厦门的城市建设事务由漳厦海军警备司令部工务局负责,故须付给鉴定人员往来厦鼓的船费。鼓浪屿工部局规定,川行厦鼓的舢板船集体过渡每人收费 4 个铜镭(铜板),单人过渡收费银角 1 角 5 分。往来 4 角的船费补贴是在最高船资的基础上略加上浮。

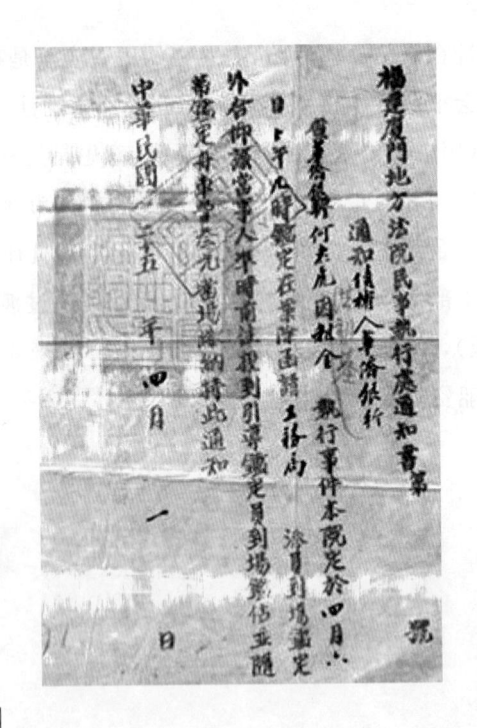

上　图12-2　民国廿五年（1936年）4月厦门地方法院民事执行处通知书(陈亚元藏品)

解读：

该通知书全文如下：

债券人华侨银行/查华侨银行与何老虎因租金执行事件，本院定于四月六/日上午九时鉴定在案。除函请工务局派员到场鉴定外，合仰该当事人准时前往报到，引导鉴定员到场鉴估，并随/带鉴定舟车费叁元当场缴纳。特此通知/福建厦门地方法院印/中华民国二十五年四月一日原件开头"当事人华侨银行"一行边上有用钢笔加注"洪祖基"三字,应为华侨银行负责人指定前往办理此事的人员。

对照图 12-1 那张在右上角加注"加船仔加 4 角"的收据,图 12-2 显然是事先考虑到给鉴定人付交通费的问题,因而在通知书中明确交代:当事人必须"随带舟车费叁元当场缴纳"。鼓浪屿会审公堂给鉴定人船费 4 角,是因为鉴定人所在机构位于厦门岛,到鼓浪屿做鉴定必须渡海,故参照厦鼓往返过渡费的最高标准酌情增加,作为给鉴定人的交通补贴。而厦门地方法院给鉴定人舟车费 3 元,就不知道依据何在了。看来,同样是审判机构,在鼓浪屿和在厦门岛办事风格大不相同。

上　图 12-3　厦门地方法院民国廿六年（1937 年）收取房屋土地抵押权认定登记费收据（陈亚元藏品）

解读：

图 12-3 是厦门地方法院民国廿六年（1937 年）8 月 14 日收取华侨银行"房屋土地抵押权认定"费用收据。收据右上方"款目"栏所盖红字印章即收费项目，有不动产登记费、□□（字迹不清）出档费和登记抄录费三项。收据右边第二格"案由或事由"载明，收费

事由是"房屋土地抵押权认定登记"。收据右边最下方一栏为"纳款人姓名厦门华侨银行"。华侨银行此次办理抵押的不动产价值"叁千元","计收银国币拾伍元叁角"。图12-3显示,民国时期不动产抵押权认定登记的管理机构是地方法院。按照本收据价值3000元收取15元3角推算,民国时期办理不动产抵押的费率大约是所抵押的不动产价值的千分之五。

上左　图12-4　鼓浪屿会审公堂民国廿九年（1940年）收取估价费收据(白桦藏品)

上右　图12-5　伪鼓浪屿商会仲裁委员会民国卅三年（1944年）收取手续费收据(白桦藏品)

解读：

　　图12-4是鼓浪屿会审公堂民国廿九年(1940年)11月11日收取华侨银行估价费国币20元的收据。依收据开头"兹收到与张世元债务案"所示，应该是张世元因为无法偿还所欠华侨银行债务，被判以不动产作为抵押，故须对相关不动产进行估价。此时伪中央储蓄银行尚未成立，鼓浪屿也还暂时维持政治上的中立，收据所称"国币"为南京国民政府的法币。图12-5是伪鼓浪屿商会仲

裁委员会为许罗氏清办理仲裁事务收取手续费的收据。收费时间为民国卅三年(1944年)6月6日。此时,鼓浪屿已经于民国卅二年(1943年)5月26日被汪伪厦门市鼓浪屿办事处接管,并于民国卅三年(1944年)3月15日成立汪伪厦门特别市鼓浪屿区。这个所谓"鼓浪屿商会"是汪伪政权一手扶植成立的。收据没有载明所仲裁为何事,所收"国币"是指"中储券"。收据上盖章的仲裁委员会"兼主任黄水生"即伪鼓浪屿商会会长。

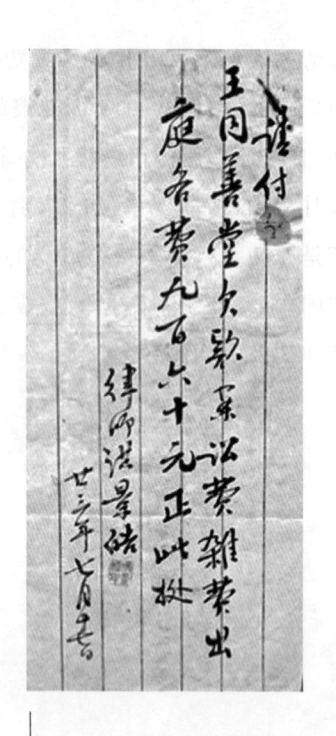

上　图12-7　洪景皓民国廿三年（1934年）致王同善堂付办案费便函(陈亚元藏品)

解读：

图12-7是华侨银行档案中发现的年份最早的由律师洪景皓出具的有关诉讼费的票据。可见洪景皓在民国廿三年（1934年）7月17日之前就与华侨银行建立了律师代理关系。本票据系洪景皓催付"王同善堂欠款案诉讼费、杂费、出庭各费九百六十元正"，为已发现同类票据中金额最高的。但是，这张票据上没有华侨银行的过账图章和负责人同意支付的签字。看来，华侨银行方面对于这张票据支出的合理性是持有异议的。

12.司法类票据

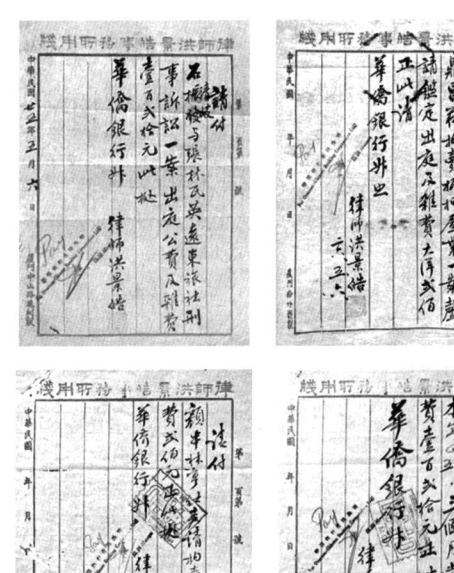

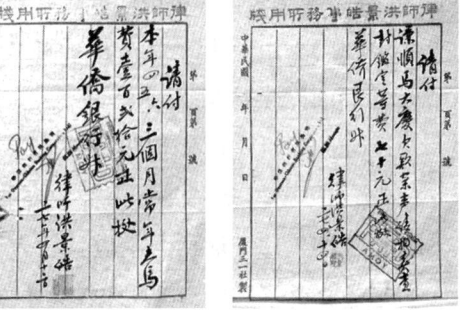

上左	图12-8	洪景皓民国廿五年(1936年)5月致华侨银行便函(白桦藏品)
上中	图12-9	洪景皓民国廿六年(1937年)5月催讨出庭费等便函(陈亚元藏品)
上右	图12-10	洪景皓民国廿六年(1937年)12月催讨出庭费便函(陈亚元藏品)
下左	图12-11	洪景皓民国廿七年(1938年)4月催讨拍卖执行费便函(陈亚元藏品)
下中	图12-12	洪景皓民国廿七年(1938年)4月催讨车马费便函(陈亚元藏品)
下右	图12-13	洪景皓民国廿七年(1938年)4月催讨查封、鉴定费等便函(陈亚元藏品)

303

解读：

图 12-8 至图 12-13 各票据内容如下：

图 12-8　请付石清波与张林氏英远东旅社刑事诉讼一案出庭公费及杂费一百二十元。此据……中华民国廿五年五月六日

图 12-9　请付鼎昌庄拍卖抵押屋业一案声请鉴定、出庭及杂费大洋贰佰正……二六、五、六

图 12-10　请付陈汉阳附带民诉案执行出庭费六十元正……二六、十二、九

图 12-11　请付颜串、林亨仕声请拍卖、执行费及杂费贰佰元正……二七、四、四

图 12-12　请付本年四、五、六三个月常年夫（疑为车之误）马费壹佰贰拾元正……二七年四月十二日

图 12-13　请付谦顺马大庆欠款案声请拍卖、查封、鉴定等费七十元正……二七年四月十四日

与图 12-7 不同，图 12-8 至图 12-13 每张票据都有华侨银行负责人用英文签署的同意支付的意见，并加盖一横排中、英文"华侨银行有限公司"的字章，图 12-11、图 12-12 和图 12-13 还加盖有方形过账图章。

从各张票据开列的具体金额来看，这个洪景皓收费是没有一定标准的，如图 12-8 收取"出庭公费及杂费"为 120 元，而图 12-9 收取"声请鉴定、出庭及杂费"却多达 200 元；又如图 12-13 收取"声请拍卖、查封、鉴定等费"为 70 元，而图 12-11 收取"声请拍卖、

执行费及杂费"多达 200 元。另外,在诉讼费、出庭费、执行费、鉴定费、声请拍卖费、查封费和常年车马费之外,还有一项"杂费",且三张标有"杂费"的收据总收费分别是 120 元、200 元、200 元,看来杂费的收费标准还是相当高的,其中不知有何猫腻。

也许很多人不知道律师洪景皓为何许人。其实此人就是厦门沦陷后成立的伪厦门治安维持会大名鼎鼎的首任会长洪月凯。景皓,景色明亮之意;月凯,月光明亮之意。景皓应为名,月凯应为字。当然也不排除出任伪职时心虚,特意不用平时常名的原因。洪景皓的心虚是时人皆知的。当伪治安维持会会长不到 5 个月,就逃往香港,在报纸上公开发文表示悔过之意。这在当年的汉奸中还是少有的。

拾叁

其他票据

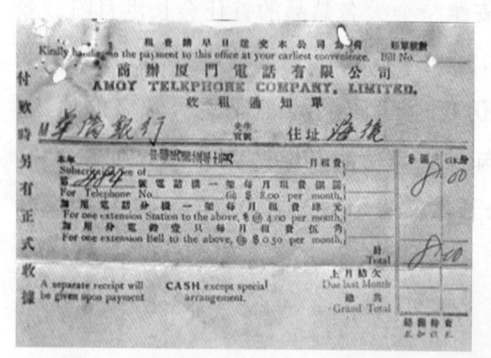

上左　图13-1　民国廿五年（1936年）12月厦门电话有限公司收租通知单(陈亚元藏品)

上右　图13-2　民国廿七年（1938年）2月厦门电话有限公司收租单据(陈亚元藏品)

解读：

图13-1和图13-2虽然年份不同,但刚好凑成民国时期商办厦门电话有限公司一组电话费收费票据。图13-1是民国廿五年(1936年)12月的通知书,图13-2是民国廿七年(1938年)2月的收租单据。厦门使用电话始于清光绪三十三年十二月(1908年1月),时有绅商林尔嘉在厦门岛创办厦门德律风公司。民国元年(1912年)日商在鼓浪屿设川北电话公司。民国十一年(1922年),巨商黄奕住收购厦门德律风公司,民国十二年(1923年)又收购鼓

浪屿川北电话公司,将两家公司并为厦门电话股份有限公司,实现厦鼓电话一体化。但两张收据均无"股份"二字,很容易使人产生疑惑。图13-1显示,民国廿五年(1936年)12月,厦门租用一架电话每月租金8元,加一部分机加4元,当时的分机是不配电铃的,如果分机加配电铃,每月须再加5角。但图13-2民国廿七年(1938年)2月的收租单据却没有关于分机电铃收费的项目,应该是此前已经取消。一部电话月租8元,在民国廿五年(1936年)至民国廿七年(1938年)厦门沦陷之前大约可以买到160斤(80千克)大米。

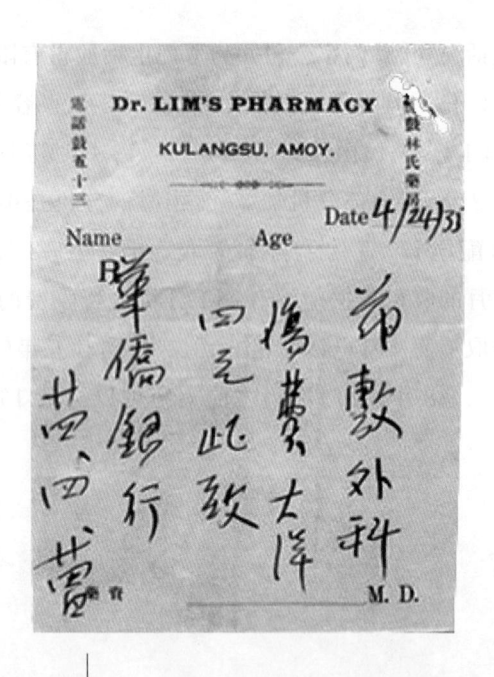

上　图13-3　民国廿四年（1935年）4月药敷外科伤费票据（陈亚元藏品）

解读：

　　图13-3至图13-8是鼓浪屿厦鼓林氏药房出具给华侨银行的药敷外科伤的收费票据。票据虽然没有写明伤者的伤情，但稍作推理便可知道，假如伤情比较严重，那就必须送正规医院处理；既然药房可以处理，就严重不到哪里去。林氏药房为处理华侨银行这位伤者的外伤，向华侨银行索取"药敷外科伤费大洋四元"。但此票据没有华侨银行负责人的签字，也没有过账图章。因此，可以怀疑这张票据并未得到华侨银行的认可。

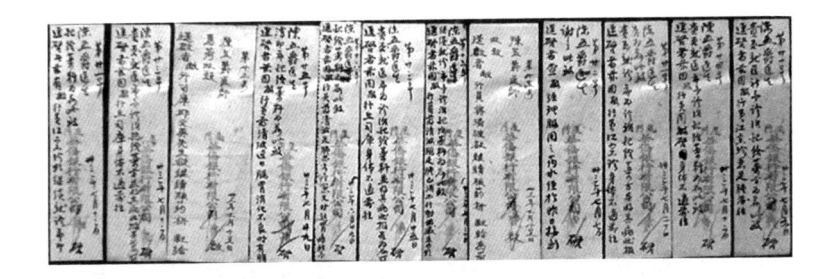

上　图13-4　民国卅三年（1944年）6—7月华侨银行职员就医介绍函（陈亚元藏品）

解读：

一般认为，厦门在中华人民共和国成立之后才有公费医疗制度。在华侨银行废弃档案中发现了部分票据证明，华侨银行厦门分行最迟在民国卅二年（1943年）就对行内职员实行公费医疗——当然这里的公费指的是华侨银行的公共资金。图13-4是民国卅三年（1944年）6—7月华侨银行出具的就医介绍函。其介绍函格式、内容大致如下：

径启者　兹因敝行邱司库身体不适，前往/贵处就医，希为诊治，配给药料，并将其病状报告为荷。此致/陈五爵医生　厦门华侨银行有限公司（红色字章，后有银行负责人签名花押）启/　第廿三号　卅三年七月廿五日

如为二次就诊，内容稍异：

径启者　兹有敝行员江宗珍须继续就诊，希即/配发药料为荷。此致/陈五爵医生　厦门华侨银行有限公司（红色字章，后有银行负责人签名花押）启/　第廿一号　卅三年七月十二日

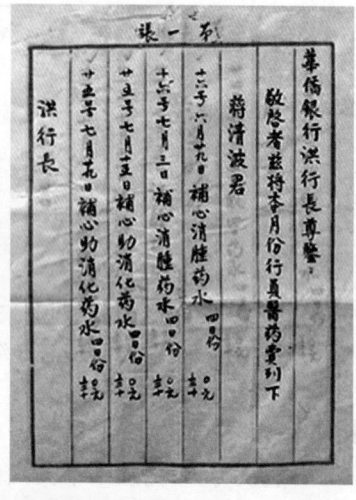

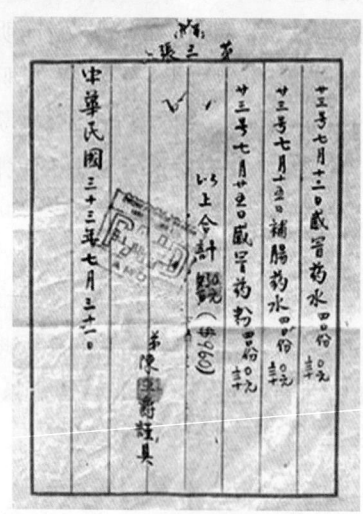

上右　图13-5　陈五爵医生开具华侨银行职员药费票据1
上左　图13-6　陈五爵医生开具华侨银行职员药费票据2
下　　图13-7　陈五爵医生开具华侨银行职员药费票据3
(陈亚元藏品)

13. 其他票据

解读：

图 13-5 至图 13-7 内容如下：

　　第一张　华侨银行洪行长尊鉴/敬启者　兹将本月份行员医药费列下/蒋清波君/十六号六月廿九日补心消肿药水四日份 80 元（原件用中国传统记账商码表示，下同）/十六号七月三日补心消肿药水四日份 80 元/廿五号七月十五日补心助消化药水四日份 80 元/廿五号七月十九日补心助消化药水四日份 80 元/洪行长/

　　第二张　廿二号七月六日补神经药水四日份 80 元/周女士/廿四号七月十二日感冒药水四日份 80 元/江宗珍君/廿一号七月五日消肿药水四日份 80 元/廿一号七月十二日消肿药水四日份 80 元/廿一号七月二十日药水药粉四日份 80 元/丘（应为邱）文英君/

　　第三张　廿三号七月十二日感冒药水四日份 80 元/廿三号七月十五日补肠药水四日份 80 元/廿三号七月廿五日感冒药粉四日份 80 元/以上合计 960 元（＄960）/弟陈五爵谨具/中华民国三十三年七月三十一日

图 13-7 盖有华侨银行的过账图章，显示所有费用已经正常支付。

图 13-4 至图 13-7 显示，华侨银行厦门分行行内有比较健全的公费医疗制度。这一制度有几个特点：一、不分行内职务高低，均平等享受；二、就医须事先由银行负责人审批并出具就医介绍函；三、只能在银行指定医师处就医；四、医疗费全部由银行负责。还有一点是值得注意的，图 13-4 共有 12 张就医介绍函，与图 13-5

至图 13-7 陈五爵医师开具的行员就医药方、费用清单可以一一对应。说明这一医疗制度实行初期指定医师对账时必须附上华侨银行出具的就医介绍函。

图 13-4 的就医介绍函和图 13-5 开具的医疗费中最早的均为民国卅三年(1944 年)6 月 29 日,而当年 6 月只有一张就医介绍函。由此推断,华侨银行实行这一医疗制度可能始于民国卅三年(1944 年)6 月。

华侨银行的指定医师陈五爵是鼓浪屿救世医院培养的中国籍西医,民国十九年(1930 年)起任竹树脚救世医院分院(原竹树脚保赤医院)院长,厦门沦陷后救世医院分院停办,为鼓浪屿开业医,曾出任鼓浪屿防疫委员会成员。

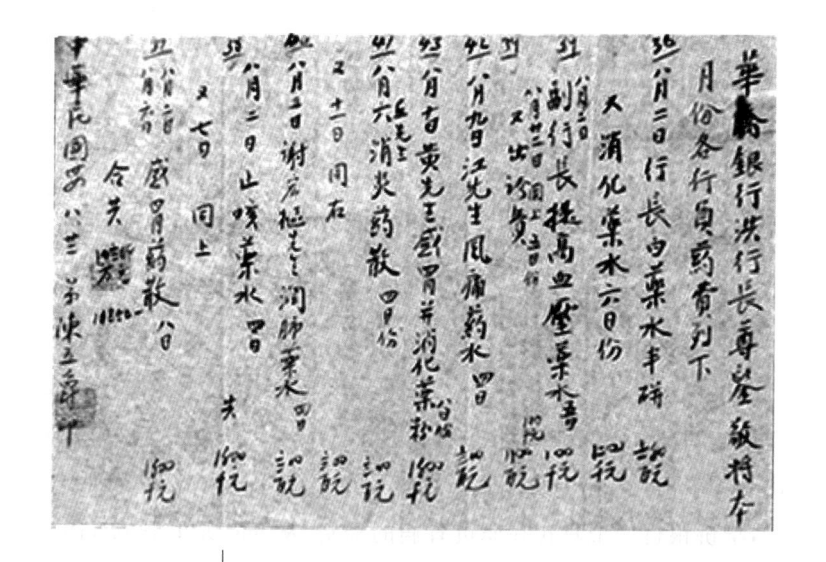

上 图13-8 民国卅四年（1945年）8月华侨银行职员医疗费清单（陈亚元藏品）

解读：

图13-8为华侨银行指定医师陈五爵开具的华侨银行职员民国卅四年（1945年）8月医疗费清单。内文如下：

华侨银行洪行长尊鉴：敬将本/月份各行员药费列下/36（号）八月二日行长白药水半瓶750元（原件用中国传统记账商码表示，下同）/又消化药水六日份1200元/39（号）八月二日副行长提高血压药水五日1000元/39（号）八月廿二日同上五日份1000元/又出诊费200元/42（号）八月九日江先生风痛药水四日800元/43（号）八月十日黄先生感冒并消化药粉8日份1500元/41（号）八月六（日）丘（应为邱）先生消炎药散四日份 800 元/又十一日同左 800 元/40(号)八月三日谢宏枢先生润肺药水四日份 800 元/38(号)八月二日止咳药水四日(份),又七日同上 共 1500 元/37(号)八月二日、八月六日感冒药散八日 1500 元/合共 11850 元(11850 元)/中华民国廿四年八、廿二弟陈五爵叩

图 13-8 这张清单开具之时,日本已经宣布投降,占领厦门的日本侵略军开始准备投降移交工作。在战争失败,最后再捞一把的情绪煽动下,汪伪政权的"中储券"大量出笼,导致物价狂涨。对比一年之前(图 13-5 至图 13-7),看一次病已经从 80 元上涨到 800 元,华侨银行一个月花在职员看病的经费,从 960 元上升到 11850 元。

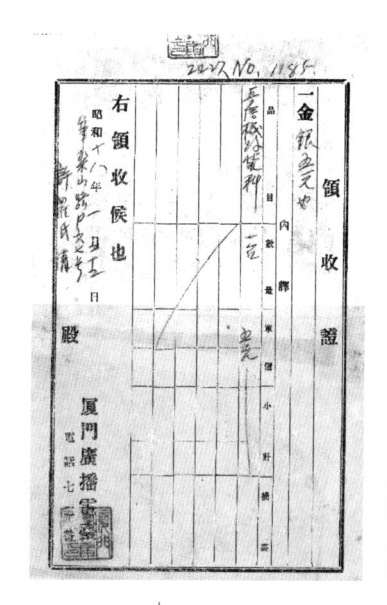

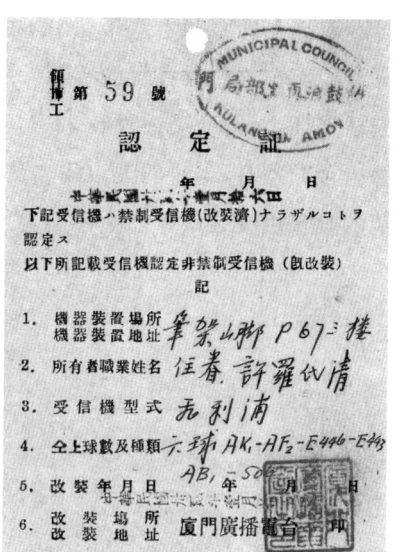

上左　图13-9　民国卅二年（1943年）厦门广播电台收音机改装费领收证(白桦藏品)

上右　图13-10　民国卅二年（1943年）厦门广播电台收音机改装认定证(白桦藏品)

解读：

　　1941年12月太平洋战争爆发之后，日本全面控制了鼓浪屿。为了防备尚在鼓浪屿的美、英等交战国的国民利用收音机与外界联系或传递情报，以及为了屏蔽消息，便于向民众灌输日军"节节胜利"的消息，日军占领当局强令对全市收音机进行改装，只能收听日本侵略军控制的厦门广播电台的播音。改装事宜由厦门广播电台负责，每台收5元"中储券"。图13-9为家住笔架山脚P67号三楼的许罗氏清向厦门广播电台缴纳5元收音机改装费的领收证。收据上的昭和十八年即中华民国卅二年(1943年)。图13-10是许罗氏清这台收音机的改装认定证。当时的所有收音机都必须有认定证,否则便会被没收,主人还有牢狱之灾。认定证由厦门广播电台颁发,但当时的鼓浪屿名义上还由工部局管理,所以许罗氏清的收音机改装认定证上还加盖了"厦门鼓浪屿工部局"的图章。

13.其他票据

```
販業工會工友規約
廈字第 002 號
姓名 黃樹
規約
（一）攤擔停置地位不得阻礙交通
（二）攤擔不得進住商店門面
（三）剩餘貨物不得亂拋以重衛生
（四）本會工友須遵守本會規約
（五）本會規約每月月首更換一次逾期無效
中華共和國貳年壹月 日給
```

上　图13-11　"中华共和国二年"（1934年）1月《贩业工会工友规约》（白桦藏品）

解读：

图13-11及之后的图13-12、图13-13均为告示，实际上不能归入"票据"之列，但这些恍若隔世的告示遗留至今实属不易，趁此机会将其列于票据之后，让今人借此了解民国时期老厦门的一斑，多少也是有所裨益的吧。

图13-11是"中华共和国二年"1月厦门市贩业工会制定的

317

《贩业工会工友规约》。"中华共和国"是民国廿二年(1933年)11月"福建事变"中成立的"中华共和国福建人民革命政府"使用的年号,"中华共和国二年"即民国廿三年(1934年)。实际上,"中华共和国福建人民革命政府"只存在不到三个月,因此使用这一纪年的告示还是相当珍贵的收藏。

《贩业工会工友规约》共五条:

(一)摊担停置地位不得阻碍交通/(二)摊担不得遮住商店门面/(三)剩余货物不得乱抛以重卫生/(四)本会工友须遵守本会规约/(五)本会规约每月月首更换一次逾期无效

这份规约前四条的合理性和必要性不言而喻,最后一条即第五条则颇有值得商榷之处。规约规定"本会规约每月月首更换一次"而且声明"逾期无效",难道此类规约必须每月重新修订一次吗?显然是不可能的。"每月月首更换一次"的应该是印有规约内容的这张规约。据《厦门指南》介绍,旧时各工会都是按月收会费的,贩业工会规定"每月月首更换规约",除了加强与入会工友的联系之外,应该也有便于收取会费的考量。规约的第一栏为工友的"姓名",使得这张规约还发挥了"贩业工会会员证"的作用。

民国时期厦门的民间自治已经深入走街串巷的摊贩之中,在未见到这张《贩业工会工友规约》之前,恐怕是想象不到的。

13.其他票据

> 鼓浪嶼工部局
>
> △招人投價承製皮靴通告▽
>
> 爲通告事本局欲以中華民國卅一年巡捕應用皮靴(全年約二百五十雙)招人投價承製其體式及製工可到本局總巡捕房索視投標時須附繳皮辦以便留存爲標準承製靴商應擔保適用體式不差隨索隨付投標期間至本月十二日中午十二時止標單應自封密寫交工部局書記長封外須批明巡捕皮靴標價單等字繞此佈
>
> 中華民國三十一年一月六日
>
> 書記長福田繁一

上　图13-12　鼓浪屿工部局民国卅一年（1942年）
制鞋招标通告（白桦藏品）

解读：

图13-12为鼓浪屿工部局《招人投价承制皮靴通告》。全文如下：

为通告事：本局欲以中华民国卅一年巡捕应用/皮靴（全年约二百五十双）招人投价承制。其体式/及制工可到本局总巡捕房索视。投标时须附缴/皮辦（应为瓣）以便留存为标准。承制靴商应担保适用体/式不差，随索随付。投标期间至本月十二日中午/十二时止。标单应自封密，写"交工部局书记

319

长"。封/外须批明"巡捕皮靴标价单"等字样。此布/中华民国三十一年一月六日/书记长福田繁一

民国卅一年(1942年)1月的鼓浪屿工部局已经被日本人完全掌控,但工部局传统的管理方式尚未土崩瓦解。这件《招人投价承制皮靴通告》便是一个证明。工部局在鼓浪屿的管理给今人留下许多值得借鉴的经验,其中之一便是透明化、公开化。民国廿九年(1940年),鼓浪屿工部局财政收入达473180元,区区250双皮靴的开支对于工部局来说只是九牛一毛。但古人云:"勿以善小而不为,勿以恶小而为之。"从正面说,"不积跬步无以至千里";从反面说,"千里之堤毁于蚁穴"。无论从哪一方面看,这张250双皮靴的招标通告都是值得今人细细玩味的。

这张通告的署名者为"书记长福田繁一",内文提及标单应密封并写上"交工部局书记长",再次证明日本人控制鼓浪屿工部局后,将原先工部局局长兼秘书一职改称书记长。

13.其他票据

图 13-13 民国卅五年（1946年）厦门市民旅外证明书（白桦藏品）

解读：

作为一个海岛城市，厦门的百姓明清以来就受到种种严格管制。明、清两朝的大部分时间实行"弃海守岸"的政策，极端时期"不许片板下海"。即便是允许岛民下海捕鱼、出洋通商时期，对出海岛民也实行连坐担保制度。但图 13-13 这张《厦门市厦西区公所区民旅外证明书》的出现着实使人大吃一惊：厦门岛民曾经连到内陆都必须由区公所出具证明。全文如下：

  兹据本区开禾保保长王孝忠转据该保第三甲第　户人民陈朝进/等乙名因探亲事经厦门地方前往安溪县,请求核放旅外证等情。经查属实,/合予证明。即希沿途/宪军警队查验放行。但该民不得挟带违禁物品。此证/右给开禾保人民陈朝进收执/厦门市厦西区区公所（公章）区长潘春枝（字章）/中华民国三十五年贰月贰叁日/（本证明书限至叁月拾日作废）

证明书下方印有"本证书不取分文"；上方加盖一蓝色印章，内文"本证明书印交本区开禾保保长填用"。发放时间为"民国三十五年贰月贰叁日"，距厦门市民庆祝抗战胜利、迎接厦门市政府返回厦门还不到 5 个月。当然，当时的国民党政府如此草木皆兵自有它的理由。据中共党史资料，民国卅四年（1945 年）初，中共福建省委就开始"从隐蔽到发展的过渡"，当年 9 月开始，中共闽中特委、中共闽南地委、中共闽江工委等组织就陆续在厦门及周围地区开展活动，国民党政府的独裁统治受到巨大的威胁。因为害怕民众与岛外的中共地方组织取得联系，国民党政府加强了对市民的全面控制，图 13-13 这张市民旅外证明书就是这种形势下的产物。如证明书所载，市民到安溪探亲，沿途可能有宪兵、军队或警察的"查验"，想必到其他地方也是如此。尽管防范极严，但还是未能逃脱国民党独裁政权全盘崩溃的命运。

  这张旅外证明书所说的厦西区存在时间很短。民国廿四年（1935 年）4 月 1 日厦门市正式挂牌运行时，市区只局限在厦门岛西南部狭小的范围内，划分为几个警区进行管理，警区之外的地盘设立省辖禾山特种区。民国廿六年(1937年)改禾山特种区为甲种区,为厦门市管辖的行政区,市区还是维持警区管理的体制。民国卅四年(1945年)10月,厦门市分设厦西区、厦南区、厦港区、鼓浪屿区、禾山区5个行政区。民国卅五年(1946年)6月,并厦西区、厦南区为中心区,厦西区存在的时间只有7个月。民国卅六年(1947年)底,中心区分设思明、开元两区,开元区的范围大致就是原先的厦西区。

后　记

2017年初，白桦先生为厦门城市职业学院口述史研究中心提供了一批"鼓浪屿老票据"的照片。照片中的"老票据"有土地税收据、房租捐税收据、警捐收据、钱庄票据、银行支票、银行存单、钞票、商业发票、旧时期证件等，时间涵盖清末至中华人民共和国成立初期。白桦先生的初衷是为鼓浪屿口述史提供插图。在研究这批照片的过程中，口述史研究中心发现，这些老票据涉及老厦门社会生活的方方面面，在反映历史真实性方面与口述史有着异曲同工的作用，但厦门地方史研究长期没有关注到这个空白点。口述史研究中心决定开垦这片处女地。于是，一部关于"老票据"的专著便列入口述史研究中心的编纂计划。

我于2017年10月接手本书的编纂。当时，研究中心掌握的藏品照片总共只有107帧，因为年代、藏品和照片本身价值等问题，这百余帧藏品照片无法独立成书。就数量而言，按一般32开的书籍每个版面设置2～3帧照片，加上解读文字，大致可排30个版面，根本成不了一本书。收藏家陈亚元先生闻讯后慨然提供所收藏的全部老票据供采择，为本书的编纂提供了坚实的资料基础。

票据是一种随手得来、随手丢弃的东西。即便是购置贵重物品的证书，时间一长，相关的票据也少有能保存下来的。即便有藏

后　记

家偶然得到一两张老票据,也因为其貌不扬,价值有限,自然得不到重视。本书选录的票据主要从陈亚元先生的千余件票据收藏中精选所得。陈亚元先生的票据收藏主要出自华侨银行厦门分行的一小部分遗弃档案。因为是出自一个单位的档案,其中的票据就具备了形成系列的可能性;因为形成系列,原先毫不起眼的票据价值倍增。当然,这种价值不是用金钱来衡量的,而是指其富含的历史信息。

对于编著者而言,本书的编纂是一个巨大的挑战。千余件藏品要逐件拍摄、逐件编写目录,之后要分门别类,筛选采择,其工作量之浩大足以令人望而生畏。但这还不是最难的。要读懂千余件品相各异、五花八门的老票据并从中选出值得向今人推介的藏品并非易事,要说好这些藏品的故事更是难上加难。每一件藏品都有一个故事;但藏品本身不会说话,所谓藏品的故事实际上是藏品鉴赏者对藏品的诠释。本书图9-20为民国三十八年(1949年)7月订阅《江声报》的收据,报资为"白米拾伍斤",我的一位不谙世事、不知道蒋介石统治时期发生的那场骇人听闻的通货膨胀的朋友看后感叹道:当时办报纸的为方便读者真是想尽一切办法。可见这种诠释因人而异。但有一点是肯定的:因人而异不等于可以异想天开。藏品的诠释不能偏离相关的时代背景,不能脱离相关的专业常识。这就是本书编纂的难度所在。纵然有二十余年厦门史研究的浸淫,纵然有过五六册厦门史专著写作的训练,但在本书的编纂过程中,还是不时遇到"拦路虎",不时陷于物我相失、捉襟见肘的困境。殚思极虑、苦思冥想、搜刮枯肠、临渴掘井成为写作过程中的常态。所幸皇天不负有心人,历经一年艰辛,熬过一个个不眠之夜,重重难关终被逐个克服。但即便得见成果,仍惧水平有限,解读失据,以致误导读者,惴惴不安之情萦绕在怀,挥之难去。恳请各界有识之士不吝赐教。

李启宇

己亥年春月